スピード攻略
Webテスト

'26年版

WEB
テスティング

株式会社サポートシステム代表取締役
笹森貴之 著

成美堂出版

「WEBテスティング」を

「非言語」「言語」「実力模試」でバッチリ対策!

就職活動で使われるWebテストの種類は多岐にわたりますが、多くの企業で採用されているテストのひとつとしてSPIの自宅受検型Webテスト「WEBテスティング」があります。

本書では、就活生が効率よく「WEBテスティング」の対策ができるように、「1日目 非言語検査」「2日目 言語検査」「3日目 実力模試」で構成しています。1日目・2日目では例題や練習問題で解き方や解答のコツをつかみ、3日目では本番を想定した実践問題にチャレンジします。本書を使えば「最短3日」という短期間で対策することができますので、本書を使って効率よく学習を進めましょう。

頻出問題の解き方を覚えることが対策のカギ

WEBテスティングでは、各問題に制限時間が設定されており、「時間内に解答できず苦手……」という人も多いテスト形式です。また、選択肢がない場合は解き方を考えて計算することが重要になります。

ただし、出題傾向はある程度固定化されていますので、解き方がわかれば、解答のスピードアップにもつながります。本書は赤シートに対応していますので、解答やポイントを隠して繰り返し学習し、頻出問題の解き方を覚えましょう。

本書を使えば、忙しい人でも短期間で対策可能。「WEBテスティング」で出題される問題を幅広くカバーしています。繰り返し学習すればより効果的です。

最短3日で攻略！

本書が「WEBテスティング」に強い3つのポイント

ポイント 1 非言語・言語の2分野をバランスよく掲載！

「非言語」と「言語」のどちらかに偏ることなく、「WEB テスティング」全体を見通した対策が可能です。「WEB テスティング」は**問題数に比べて制限時間が短い**ため、素早く解答することが突破のカギ。できるだけ多くの問題に当たり、**解き方を覚えるまで繰り返し学習**しましょう。

ポイント 2 問題形式ごとに対策のポイントを掲載！

「非言語」も「言語」も、**問題形式ごとに解答のポイントや考え方を掲載**しています。特に苦手な人が多い非言語については、実際の試験に出題されることが多い問題形式を厳選し、例題を掲載して**解答の流れを丁寧に解説**しています。解き方を覚えて確実に解答できるようにしましょう。

ポイント 3 赤シート対応＆別冊で使いやすさ抜群！

「1日目 非言語検査」「2日目 言語検査」の例題や練習問題は、原則、**解答・解説が見やすい見開き展開**。解答やポイントを付属の赤シートで隠しながら、どんどん問題を解いていきましょう。

また、「3日目 実力模試」は**実践問題を3回分掲載**しているので、本番を想定しながらさまざまな問題にチャレンジできます。**解答・解説は取り外せる別冊**となっていますので、使いやすさも抜群です。もちろん別冊も解答・ポイントを隠せる赤シート対応だから、学習効率も大幅アップ！

はじめに

就活生のWebテスト対策で優先度が高いもののひとつとして、リクルートマネジメントソリューションズの「SPI」が挙げられます。Webテスト型のSPIは主に問題傾向が異なる2種類の試験形式があります。1つは**会場受検型**※**の「テストセンター」**で、もう1つは**自宅受検型の「WEBテスティング」**です。

※自宅などで受検できるオンライン会場もあります。

テストセンターとWEBテスティングは、問題傾向が異なるため、それぞれ独自に対策を立てる必要があります。

従来の「就活」では、会場で本人確認ができるテストセンターが実施されるケースが多かったため、「まずはテストセンター対策から」というのが就活生の共通認識でした。

しかし、新型コロナウイルス感染症の影響で感染対策が社会的課題になった2020年春以降、**自宅受検型のWEBテスティングの重要性がより高まりました**。また、**オンライン監視型Webテストの導入企業も増加**しています。

引き続き、感染対策の観点からウィズコロナへのシフトチェンジが行われていますが、就活生はテストセンターだけでなく、WEBテスティングやオンライン監視型についても対策を万全に行う必要があります。

本書ではWEBテスティングについて、**言語検査と非言語検査の各出題パターンを分析し、出題頻度の高い問題について対策ができるように構成**しています。本書を活用する皆さんが、出題問題の傾向や特徴をつかみ、「攻略のコツ」をつかんでいただけることを、また就活本番で高得点をとり、希望どおりの結果を得られることを願っております。

2024年4月

（株）サポートシステム 代表取締役 笹森 貴之

本書の特長と使い方

短期間で「WEB テスティング」を対策

本書は、「１日目 非言語検査」「２日目 言語検査」「３日目 実力模試」で構成しています。１日目・２日目では例題や練習問題で出題のポイントや解き方を身につけ、３日目では実践問題にチャレンジ。WEB テスティングを「最短３日」で対策できるのが本書の大きな特長です。

実際の問題を参考に設定した、問題を解くための目安時間

解答を速やかに導き出すための着眼点やテクニックを解説

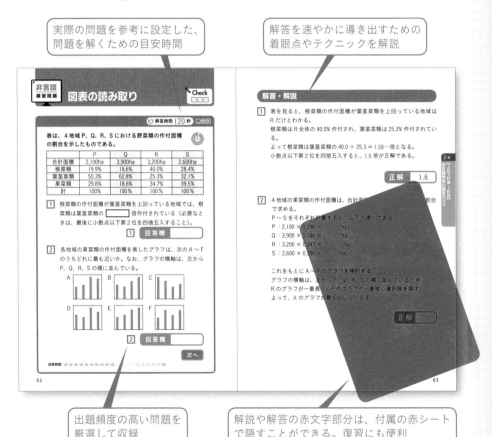

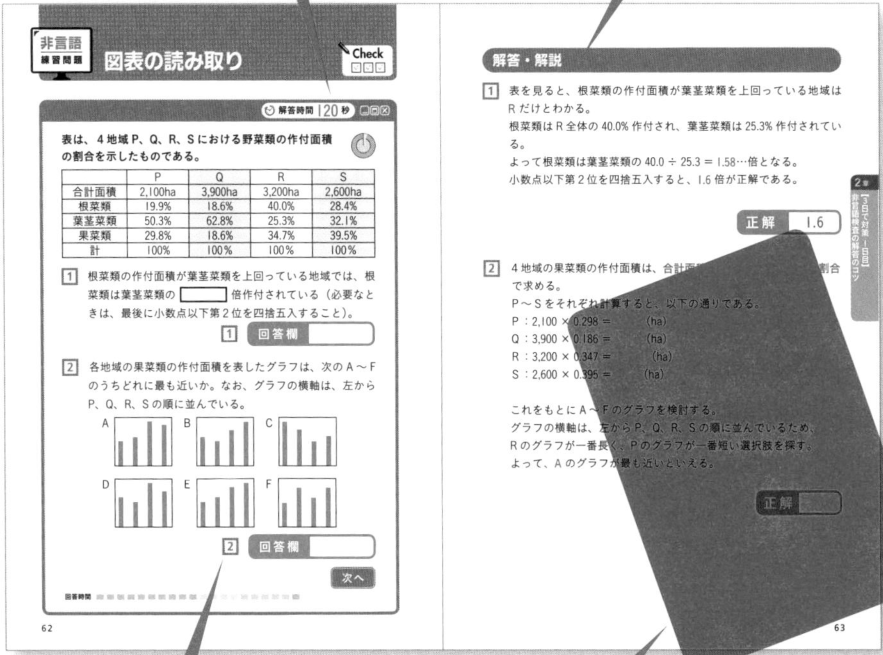

非言語 練習問題 図表の読み取り Check

解答時間 120 秒

表は、４地域 P、Q、R、S における野菜類の作付面積の割合を示したものである。

	P	Q	R	S
合計面積	2,100ha	3,900ha	3,200ha	2,600ha
根菜類	19.9%	18.6%	40.0%	28.4%
葉茎菜類	50.3%	62.8%	25.3%	32.1%
果菜類	29.8%	18.6%	34.7%	39.5%
計	100%	100%	100%	100%

1 根菜類の作付面積が葉茎菜類を上回っている地域では、根菜類は葉茎菜類の［　　］倍作付されている（必要なときは、最後に小数点以下第２位を四捨五入すること）。

1 回答欄

2 各地域の果菜類の作付面積を表したグラフは、次の A～F のうちどれに最も近いか。なお、グラフの横軸は、左から P、Q、R、S の順に並んでいる。

A B C D E F

2 回答欄

次へ

回答時間

62

解答・解説

1 表を見ると、根菜類の作付面積が葉茎菜類を上回っている地域は R だけとわかる。
根菜類は R 全体の 40.0% 作付され、葉茎菜類は 25.3% 作付されている。
よって根菜類は葉茎菜類の 40.0 ÷ 25.3 ＝ 1.58…倍となる。
小数点以下第２位を四捨五入すると、1.6 倍が正解である。

正解 1.6

2 ４地域の果菜類の作付面積は、合計面積×果菜類の割合で求める。
P～S をそれぞれ計算すると、以下の通りである。
P：2,100 × 0.298 ＝ (ha)
Q：3,900 × 0.186 ＝ (ha)
R：3,200 × 0.347 ＝ (ha)
S：2,600 × 0.395 ＝ (ha)

これをもとに A～F のグラフを検討する。
グラフの横軸は、左から P、Q、R、S の順に並んでいるため、R のグラフが一番長く、P のグラフが一番短い選択肢を探す。
よって、A のグラフが最も近いといえる。

正解

2章 【3日で対策 1日目】非言語検査の解答のコツ

63

出題頻度の高い問題を厳選して収録

解説や解答の赤文字部分は、付属の赤シートで隠すことができる。復習にも便利

４章の「３日目 実力模試にチャレンジ」は、別冊で解答・解説を用意。本番を意識した問題を解いたあとは、別冊の解答・解説で答えあわせをしましょう。

※本書は原則として2024年４月時点の情報をもとに編集しています。
※問題に使用している数値等は架空のものも含まれています。

CONTENTS 目次

4章 【3日で対策 3日目】実力模試にチャレンジ

1章

WEBテスティングについて

CONTENTS

Webテストとは？

企業の就職試験で採用が増加中

採用選考において、これまではSPIテストや一般常識テストなど、会場を設けてのペーパーテストが行われるのが通例でしたが、**近年はパソコンを利用して受検するWebテストがメイン**になっています。

Webテストは従来のペーパーテストとは異なり、会場を設置したり試験監督を手配したりする必要がありません。また、採点や集計もコンピュータ処理のため、企業側にとっても多くのメリットがあります。

◆ Webテストを利用した採用選考の流れ（一例）

プレエントリー（ID・パスワード取得）→ エントリーシート作成・提出 → Webテスト受検 → 会社説明会・セミナー → 一次～三次面接 → 重役（最終）面接 → 内定

Webテストの受検時期

Webテストは、たいていの場合、**採用試験の初期段階に行われます**。「リクナビ」「マイナビ」などの就職サイトや、企業のホームページからエントリーすると、求人応募資格としてID・パスワードが発行されます。

すると、企業側から「いつまでに受検してください」と一定の期間が提示されます。多くは会社説明会の前後のタイミングで、提示されたID・パスワードを使ってサイトに入り、案内に従って受検します。

エントリー → ID・パスワード取得 → Webテスト受検

期間終了間際の受検はできる限り避けて！
パソコンを使って受検するため、通信状態が悪かったりパソコンに不具合が起こったりするなどのトラブルが考えられます。そんなとき、期間終了間際だと、とっさの対応が難しくなってしまいます。リスク軽減のためにも、余裕のある受検を心がけましょう。

Webテストの結果で「絞り込み」

Webテストでは、企業ごとに「合格ライン」となる偏差値を想定している場合が多く、特に人気企業の場合だと、**面接試験の前に行うWebテストの結果で、受検者の絞り込みをする**ケースもあります。

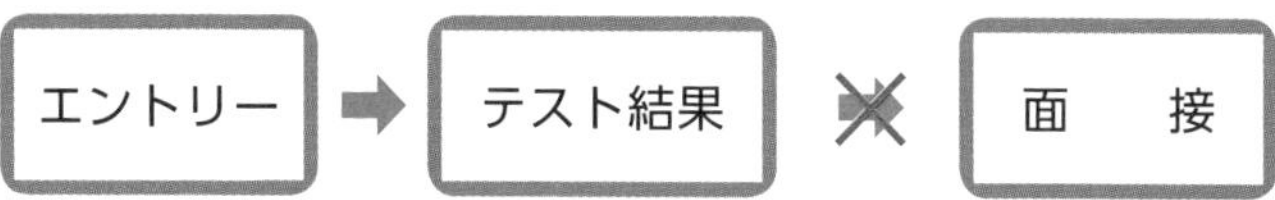

また、**Webテストの成績や出力された各人の特性（基礎学力、性格、職務資質など）を、面接の資料として利用する**場合もあります。

最後に、面接まで進んだものの、Webテストの偏差値が原因で最終的には落とされてしまうケースも、毎年多く見られます。受検タイミングによっては、Webテストの結果が出る前に面接試験に進んだものの、面接のあとに出たテスト結果が原因で不合格になるケースもあります。

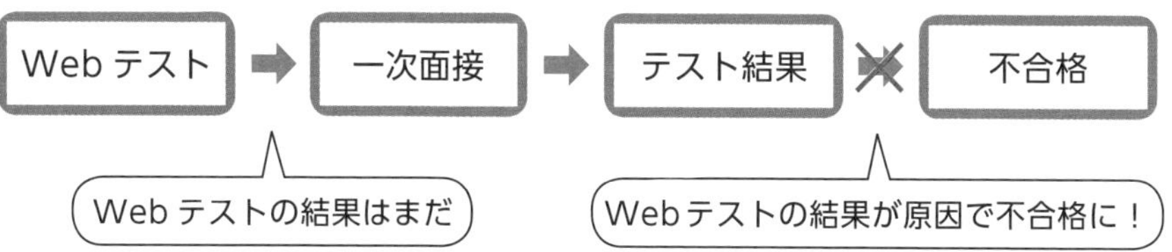

なお、近年ではインターンシップの人気の高まりから、インターンシップに応募した就活生をWebテストで選考する企業も増えています。その点からも早めの対策が求められます。

Webテストの種類

自宅受検と会場受検

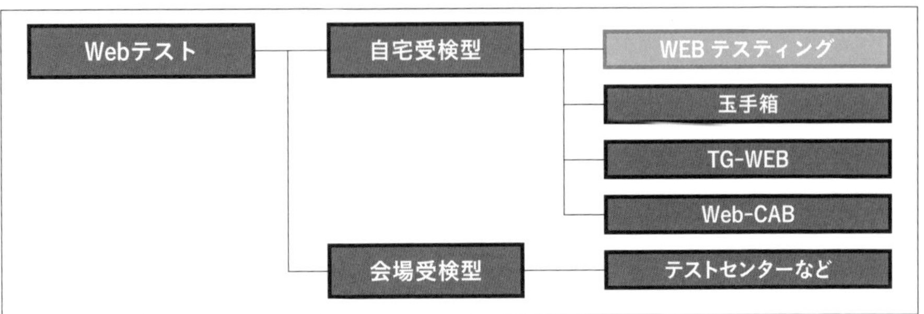

Web テスト受検の形式には、**自宅受検型と会場受検型**があります。

●1：自宅受検型

自宅型の場合は、ID とパスワードさえあれば、自宅に限らずどこからでも受検できます。主なものとして、本書で扱う「**WEB テスティング**」のほか、「**玉手箱**」「**TG-WEB**」「**Web-CAB**」などがあります。

一定期間内であれば「いつでも・どこでも」受検できるため、受検機会を多くの受検者に与えることができるという長所があります。また、企業側にとっても会場設置などの手間が省け、たくさんの人材を広く確保するチャンスになります。

これまでは、友人や知人がなりすまして受検する「替え玉受検」も不可能ではない点が、デメリットとして挙げられていましたが、AI などで不正を監視するテストが増えてきています。

●2：会場受検型

会場を設けて本人確認を行う**会場型の Web テスト**です。会場型では**SPI 型の「テストセンター」**が他の試験に先行してシェアを伸ばしてきましたが、**TG-WEB** などでも会場受検型のテストを実施しています。

また、会場受検型としてテストセンター会場で受検する「**C-GAB**」と「**C-CAB**」があります。**C-GAB** は新卒総合職向けのペーパーテスト「**GAB**」の Web テスト版とされていますが、問題構成としては「**玉手箱**」の出題形式を踏襲しているといわれます（2021 年より「C-GAB plus」としてオンライン監視型Web会場で受検が可能に)。一方、C-CABは、IT関連職の適性を診断する「CAB」のWebテスト版で、近年実施されるようになりました。

どちらも性格検査は事前に自宅で受検し、会場では知的能力検査のみを受検します(試験時間は約1時間)。

近年、WEBテスティングやSPI型のテストセンターのオンライン会場、「C-GAB plus」、「TG-WEB eye」などのオンライン監視型Webテストを導入する企業が増えています。不正防止のため、カメラを通して、試験官やAIがテストの様子を監視するしくみで、あらかじめ指定された使用機器や室内環境の準備が必要です。

受検対策の立て方

Webテストの種類は多岐にわたっているうえ、企業ごとに採用しているテストの種類は異なりますので、**主要なWebテスト**の対策をしておくに越したことはありません。「**玉手箱**」や「**WEBテスティング**」はその筆頭といえます。

通常、企業がどのWebテストを採用選考で使用するかは、企業側からは公表されません。「テストセンター形式での能力検査を行う」といった程度の情報であれば、選考スケジュールとともに公表される場合もありますが、具体的なテストの種類までを知ることは難しいでしょう。

志望企業が昨年使用したWebテストがわかっていれば、今年も同じWebテストが使われると予測できます。ただし、あえて前年度とは違う種類のテストを採用する企業もありますので、受検するテストを100%の確率で予測することは不可能です。

自宅受検型のWebテストの場合、本書で扱っている「**WEBテスティング**」のほか、「**玉手箱**」や「**TG-WEB**」が主流です。多くの企業がこれらの中のどれかを使用してくると考えられます。

そのため、これらの**主要なWebテストの対策にはしっかりと取り組んでおく**ようにしましょう。

テストの種類の判断方法

なお、エントリーしたあとならば、**受検するWebテストの種類を見分けることができます**。そのためには、**テストのオープニング画面（説明画面）**を事前に見ておくこと。ここでテストの種類を判断できます。

Webテストの場合、受検するホームページにアクセスし、ID・パスワードを入力すると、オープニング画面（説明画面）が現れます。

即座にテストを始めてしまうと中断はできませんが、**始める前の説明画面の段階なら、ストップしておくことが可能**※です。

※テストの種類によってはできない可能性もあります。

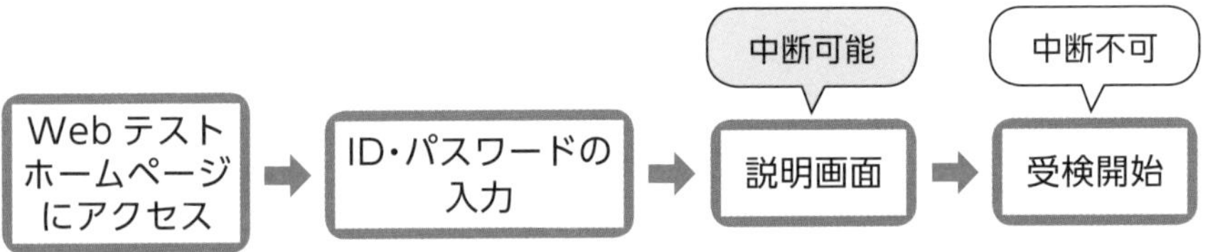

オープニング画面のどこを見るか

Webテストのオープニング画面には問題数や注意点などが書かれていますが、「WEBテスティング」「玉手箱」などのテストの名称が明記されているわけではありません。**説明の記載からテストの特徴を読み取り、テストの種類を特定しましょう**。

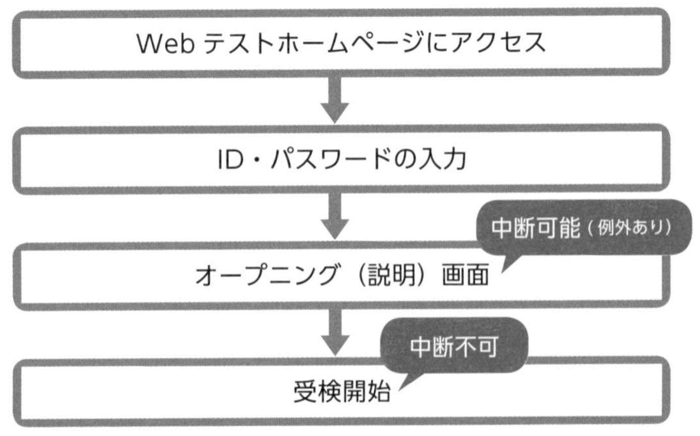

「WEB テスティング」のオープニング画面

以下は、「WEB テスティング」のオープニング画面です。

「WEB テスティング」のオープニング画面には、**「基礎能力検査（約35 分）」「性格適性検査（約 30 分）」「非言語検査」**などの表現があるのが特徴です。これらの表現があれば、「WEB テスティング」だと判断しましょう。

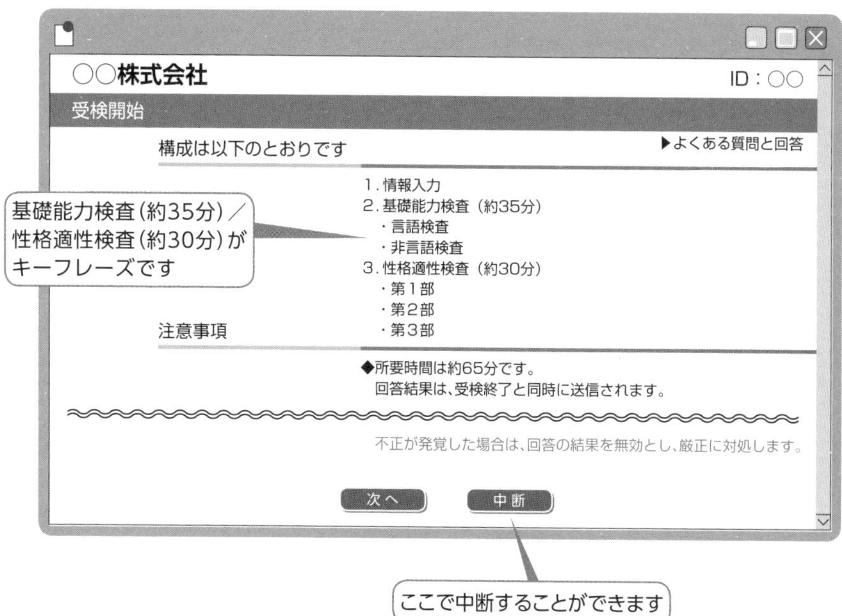

オープニング画面にある「受検開始」ボタンをクリックして受検を始めてしまうと、中断することはできませんが、オープニング画面の状態であればストップすることが可能です。

WEBテスティングとは？

WEB テスティングは、株式会社リクルートマネジメントソリューションズが提供する Web テストです。SPI テストの一種で、**言語検査、非言語検査、性格検査**にて構成されています。「玉手箱」同様、自宅受検型のテストです。

また、言語検査や非言語検査では、選択肢から解答を選ぶタイプの問題（選択式）のみならず、**解答を空欄に記入するタイプの問題（記述式）**も少なくありません。テストセンターは原則選択式の問題ですから、この点は WEB テスティングの大きな特徴であるといえます。

形式	テスト名	受検形態	内容・構成
ペーパーテスト	SPI3	会場受検 （マークシート）	能力検査 （言語・非言語） 性格検査 ※各テスト形式により検査時間の違いはある
Web テスト	WEB テスティング	自宅受検	
	テストセンター	会場受検 ※ただし、性格適性検査は自宅受検	
	インハウス CBT	企業内会場受検	

WEB テスティングの構成

WEB テスティングは言語、非言語、性格の 3 つで構成されています。言語と非言語は能力検査として、**約 35 分間のひとつのテスト**となっています。

また、言語検査や非言語検査は、ペーパーテストやテストセンターと類似した問題もありますが、WEB テスティング特有の問題もあります。出題傾向もある程度固定化されていますので、本書を通じて、できるだけ問題に慣れておきましょう。

性格検査は約 30 分です。設問数にはある程度幅があり、テストごとに異なる場合があります。

攻略のポイント

【出題分野を予測して対策を立てる】

WEB テスティングは、出題分野がある程度固定化されているため、対策を立てやすいのが特徴です。

事前に類似問題を練習しておくことで、正解率とスピードの両方を向上できます。出題範囲は本書に後掲しますので、特に苦手分野は練習を繰り返しておくとよいでしょう。

【時間との勝負】

問題数の割に制限時間が短く、短時間で効率よく問題を解いていく必要があります。

全体の回答状況を表す円グラフ

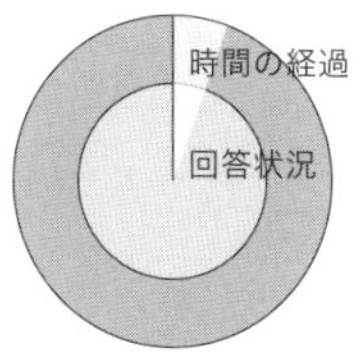

SPI3 の WEB テスティングでは、テストセンター形式と同様に、画面右上に回答状況と時間を表す円グラフが現れます。円グラフの外側が時間の経過を表し、内側が回答状況を表します（上図）。また、ページ下部には問題ごとの制限時間を表す棒グラフが表示されます。棒グラフが赤になると、未回答でも次の問題に進んでしまうので注意しましょう。

「非言語検査の時間が足りない……」と悩む就活生は少なくありませんが、全体的な難易度はそれほど高くありません。制限時間内に解答するためには、問題ごとの時間配分や解法を知っていることが重要です。本書では、解答の流れや解答のコツを解説していますので、繰り返し問題を解くことで、苦手分野を克服しましょう。

計算力を高めるほか、問題集を活用して問題の形式や解答パターンに慣れておくと、本番でスムーズに対応できるでしょう。

【電卓を有効利用する】

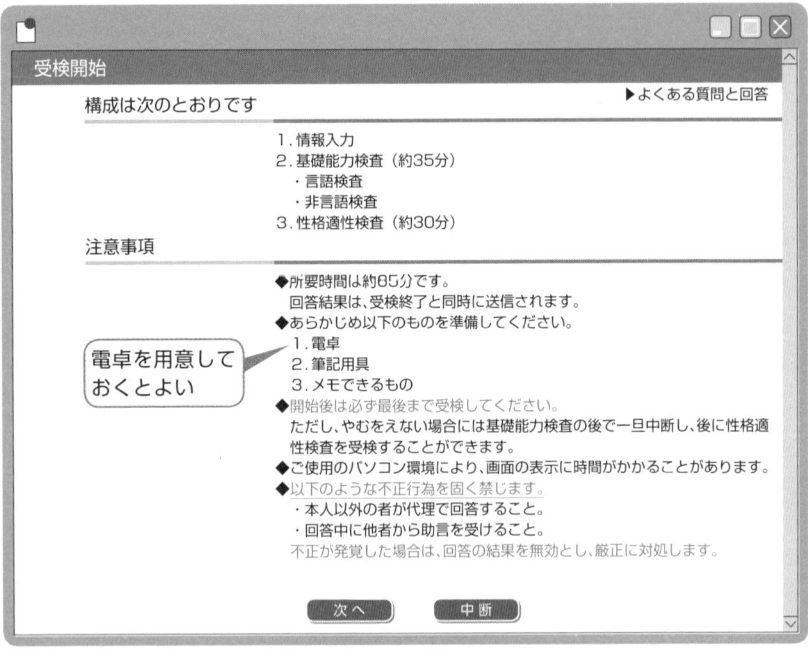

受検開始
▶よくある質問と回答
構成は次のとおりです
1.情報入力
2.基礎能力検査（約35分）
・言語検査
・非言語検査
3.性格適性検査（約30分）
注意事項
◆所要時間は約65分です。
回答結果は、受検終了と同時に送信されます。
◆あらかじめ以下のものを準備してください。
1.電卓
2.筆記用具
3.メモできるもの
◆開始後は必ず最後まで受検してください。
ただし、やむをえない場合には基礎能力検査の後で一旦中断し、後に性格適性検査を受検することができます。
◆ご使用のパソコン環境により、画面の表示に時間がかかることがあります。
◆以下のような不正行為を固く禁じます。
・本人以外の者が代理で回答すること。
・回答中に他者から助言を受けること。
不正が発覚した場合は、回答の結果を無効とし、厳正に対処します。
電卓を用意しておくとよい
次へ
中断

オープニング画面で、**電卓の準備**が求められています。

非言語検査は電卓の使用を前提にしており、1問あたりの回答時間が短くなっています。使いやすい大きめの電卓を利用し、効率よく計算していきましょう。

電卓の活用テクニックについては、別冊 P.64 のコラムで詳しく紹介しています。電卓をうまく活用して、計算時間の短縮を目指しましょう。

能力検査の構成とポイント

【言語検査の構成】

	WEB テスティング	テストセンター
二語関係	×	○
熟語	○	×
熟語の意味	×	○
語句の用法(多義語・文法)	×	○
3文の完成	○	×
文章の並び替え	○	○
適語の補充	○	×
適文の補充	○	○
文章の完成	△ ※	×
長文	○	○

※「文章の完成」は、ここ数年は出題が確認できていません。

言語検査の出題傾向は、テストセンターとは大きく異なります。テストセンターでよく出題される「二語関係」「熟語の意味」「語句の用法」などは出題されません。

WEB テスティングでは、「熟語」「3文の完成」「文章の並び替え」「適語の補充」「適文の補充」「文章の完成」「長文」が出題されます。**「熟語」「3文の完成」などは、WEB テスティングに特有**の問題です。

言語問題に対処するためには、テストセンターやペーパーテストとは別に対策を立てることが必要になります。本書を活用して、特有の出題形式にどんどん慣れてください。

【非言語検査の構成※1】

	WEBテスティング	テストセンター
割合の計算	○	○
方程式	○	×
整数問題	○	×
金銭の計算（損益算など）	○	○
速さ	○	○
推論（条件の選択）	○	×※2
推論（その他）	○	×※2
場合の数	○	○
確率	○	○
図表の読み取り	○	○
集合	○	○
料金の割り引き	×	○
分割払い	×	○
代金の精算	×	○
資料の読み取り	×	○

※1　非言語検査はさまざまな形式の問題が出題されます。本書では、過去の出題実績などをもとに、出題が多い問題形式を中心に構成しています。
※2　推論はテストセンターでも頻出分野ですが、WEBテスティングに出題される推論とは傾向が異なるため「×」としています。

テストセンターと共通する出題範囲は、「割合の計算」「金銭の計算（損益算など）」「速さ」「場合の数」「確率」「図表の読み取り」「集合」などがあります。

一方、WEBテスティング特有の出題分野も少なくありません。特に、**「推論」は、テストセンターに出題される推論の問題とは傾向が異なるた**め、別の項目として対策を立てたほうがよいでしょう。また、**「整数問題」**なども、**テストセンターでは出題されないタイプの問題**になります。

性格検査について

性格検査は約30分です。**第1部〜第3部まで3つの検査**を行います。それぞれ目安の時間があり、大幅に超えると自動的に終了になります。そのため、あまり考え込みすぎないで、どんどん回答していくようにしましょう。

分野	質問数	時間
第1部	93問	約12分
第2部	126問	約13分
第3部	74問	約11分

※これは性格検査の構成例です。企業によって質問数や時間は若干異なることもあります。

●第1部

日常の行動や考えについて、1つの設問につき**相反するAとBの2対の質問**が出されます。自分がどちらに近いかを4つの選択肢の中から選びます。

【第1部の質問例】

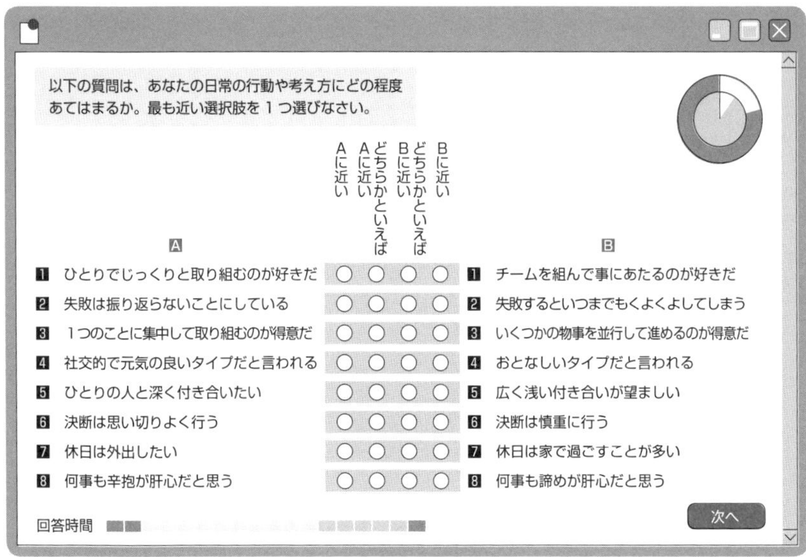

●第２部

日常の行動や考えに関する質問について、自分が**どの程度当てはまるか**を４つの選択肢の中から選びます。

【第２部の質問例】

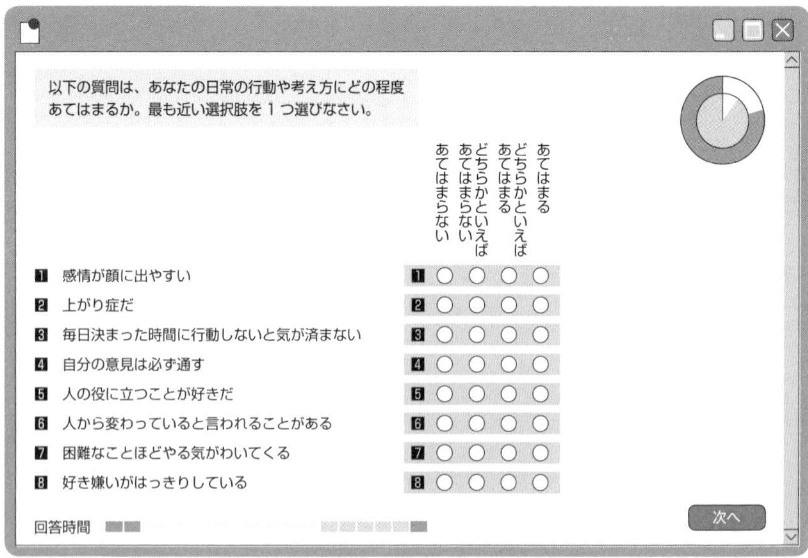

●第３部

第１部と同様に、日常の行動や考えについて、１つの設問につき**相反するＡとＢの２対の質問**が出されます。自分がどちらに近いかを４つの選択肢の中から選びます。

2章

【3日で対策　1日目】
非言語検査の解答のコツ

CONTENTS

割合の計算

頻出問題と解答のコツ

割合の計算は、基本公式の使い方をしっかり覚えればそれほど難しくはありません。「□％の○％」といった、「割合の割合」と呼ばれるような問題も、基本公式の考え方で解くことができます。

★ 割合の計算を解くポイント

① 基本公式は、全体数×割合＝部分数
②「割合の割合」は公式を２回使うイメージ
③ 小数の掛け算や割り算などの細かな計算は電卓で行う

頻出問題

［例題］空欄にあてはまる数値を求めなさい。

ある日、病院に来た人の60％が内科を受診し、そのうち40％の人に発熱があった。このとき内科を受診し、発熱があった人は来院者全体の［　　　］％いた。

回答欄［　　　］

解答のコツ

「全体数×割合＝部分数」にあてはめてみる。

まず、内科を受診した人は全体の60％である。これを公式にあてはめると、全体の人数（来院者数）はわからないので、
来院者数×0.6＝内科受診者数と表せる。

60％は計算では0.6

さらに、内科を受診した人の40％に発熱があったので、
内科受診者数×0.4＝内科受診の発熱者数となる。2つの式を合わせれば、
来院者数×0.6×0.4＝内科受診の発熱者数

つまり、「来院者数×0.24＝内科受診の発熱者数」となる。

0.24が全体（来院者数）に対する割合となるので、％に直して24％が正解。これが解法の基本的な考え方で、基本公式を2回使って解くイメージ。慣れてきたら、60％の40％という部分だけを計算すれば素早く解くことができる。

正解　24

アドバイス

別解として、全体数がわからない場合、全体を100とおく考え方もあります。「内科受診者＝100×0.6＝60」なので、「発熱者＝60×0.4＝24」と解きましょう。全体を100とした場合、答えの単位は％と同じになります。

非言語
練習問題

割合の計算

解答時間 20 秒

空欄にあてはまる数値を求めなさい。

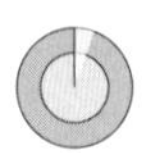

1 回収したペットボトルのうち、炭酸飲料の割合は28%だった。また、炭酸飲料のうち、味のついていないものの割合は15%だった。このとき回収したペットボトル全体のうち、味のついていない炭酸飲料の割合は［　　］%である（必要なときは、最後に小数点以下第1位を四捨五入すること）。

1 回答欄

2 ある販売店の先月の売上は1日あたり150,000円であり、商品別の内訳は商品Aが10%、商品Bが60%、商品Cが30%だった。今月は商品Aの販売を中止したところ、商品Bの売上が5%増加した。商品Cの売上が先月と同じ場合、商品Bの売上が占める割合は［　　］%となる（必要なときは、最後に小数点以下第1位を四捨五入すること）。

2 回答欄

次へ

回答時間

解答・解説

1 設問の内容を図で表すと下記のようになる。

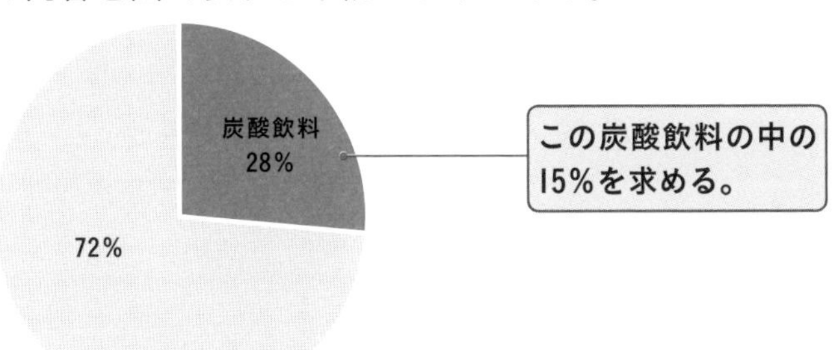

回収したペットボトルの数を 100 とすると、
炭酸飲料の数は 100 × 0.28 = 28　（28% = 0.28）
そのうちの 15%が味のついていないものなので、
味のついていない炭酸飲料の数は 28 × 0.15 = 4.2
全体 100 に占める味のついていない炭酸飲料の数は
4.2 ÷ 100 = 0.042（= 4.2%）
よって小数点以下第 1 位を四捨五入すると、 4 %。

正解　4

2 先月の商品 B の 1 日あたりの売上は、150,000 × 0.6 = 90,000（円）　（60% = 0.6）
今月の商品 B の 1 日あたりの売上は先月と比べて 5 %の増加なので、
90,000 ×（1 + 0.05）= 90,000 × 1.05 = 94,500（円）

先月の商品 C の 1 日あたりの売上は、150,000 × 0.3 = 45,000（円）　（30% = 0.3）
商品 C は先月と同じなので、今月の 1 日あたりの売上は全体で、
94,500 + 45,000 = 139,500（円）
商品 B が占める割合は、94,500 ÷ 139,500 ≒ 0.677（= 67.7%）
よって、小数点以下第 1 位を四捨五入すると 68%。

正解　68

方程式

頻出問題と解答のコツ

年齢算や過不足算などは、文字（x）を用いて式を立てることが重要です。不等式と組み合わせた問題も出題されますが、計算は難しくありません。計算の練習をして素早く解くことを心がけましょう。

★ 方程式を解くポイント

① 求めたいものを x とおく
② 文章を式に変換する
③「整数」という条件が必要な問題もある

頻出問題

［例題］ 空欄にあてはまる数値を求めなさい。

Aクラスの男女比は4：3で、選択授業でBクラスから女子が18人加わったところ、男女比が5：6となった。Aクラスの人数は ［　　　］ 人である。

回答欄 ［　　　］

解答のコツ

Aクラスの人数を x（人）とすると、男女比が4：3より、男子は $\frac{4x}{7}$（人）と表せる。

4：3に分けたうちの4は、
4＋3＝7等分したうちの4（全体の $\frac{4}{7}$）

女子が18人加わると合計人数は $x+18$（人）で、男女比が5：6より、男子は $\frac{5(x+18)}{11}$（人）と表せる。

男子の人数は変わらないので、$\frac{4x}{7}=\frac{5(x+18)}{11}$ が成り立つ。

両辺を77倍すれば、

$44x=35(x+18)$

$44x=35x+35\times18$

$9x=35\times18$

$x=35\times2=70$（人）

正解　70

別解

男子の人数は変わらないことから、18人が加わる前後について男子の比を合わせてみる。

加わる前は5倍して20:15、加わった後は4倍して20:24となる。ここで女子の差は $24-15=9$ で、これが加わった18人を表している。

つまり、比1あたりが2人を表しており、18人加わる前の男女比20：15から、男子は $20\times2=40$（人）、女子は $15\times2=30$（人）となるため、合計は $40+30=70$（人）。

方程式の問題は、求めたいものを x とおいて、式を立てることが重要です。多くの問題を解いて、素早く式を立てられるようにしましょう。

非言語
練習問題

方程式

解答時間 120 秒

空欄にあてはまる数値を求めなさい。

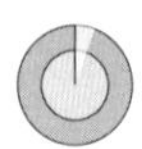

1 現在PはQよりも22歳若く、6年後にはPの年齢はQの年齢の1/3になる。
現在、Pは[　　　]歳である。

1 回答欄

2 2つの正の整数X、Yがあり、Xの1/3はYの1/5である。XとYの差は18だった。このときXは[　　　]である。

2 回答欄

次へ

回答時間

解答・解説

1 現在のPの年齢を x 歳とおくと、Qの年齢は（$x+22$）歳になる。
6年後のPとQの年齢はそれぞれ、P：$x+6$（歳）　Q：($x+22$) $+6=x+28$（歳）

このとき、Pの年齢はQの年齢の$\frac{1}{3}$になるので、

方程式は $x+6=\frac{1}{3}(x+28)$

両辺を3倍すると、

$3\times(x+6)=x+28 \Rightarrow 3x+18=x+28$

$\Rightarrow 2x=10 \Rightarrow x=5$

よって、現在のPの年齢は**5**歳。

正解　5

2 Xの$\frac{1}{3}$がYの$\frac{1}{5}$なので、式に表すと、

$\frac{1}{3}X=\frac{1}{5}Y$

$Y=\frac{5}{3}X$　……①

①式からY＞Xということがわかる。また、XとYの差が18なので、

$Y-X=18$　……②

①を②に代入すると、

$\frac{5}{3}X-X=18 \Rightarrow \frac{2}{3}X=18 \Rightarrow X=27$

正解　27

整数問題

「整数問題」と呼ばれる問題は、整数であることが前提となっている問題の総称です。そのため問題にはいくつかのタイプがあり、整数であることをあまり意識しなくても解ける問題もあれば、意識しなければ解けない問題もあります。

★ 整数問題を解くポイント

① 式の変形や代入によって式をまとめる
② 方程式や不等式を解いて
「整数」という条件をあてはめる

頻出問題

［例題］空欄にあてはまる数値を求めなさい。

ある人が問題集を解いている。3日間で50ページまで進めた。各日に進めたページ数について、以下のことがわかっている。

ア　1日目に進めたページ数は2日目の3倍だった
イ　最も多く解いた日は最も少なかった日よりも15ページ多かった

このとき、3日目に進めたページ数は［　　　］ページである。

解答のコツ

3日目に進めたページ数を x とすると、3日で50ページ進めたことから、1日目と2日目で合計 $50-x$（ページ）進めたことになる。

ここで、2日目に進めたページ数を y とすると、1日目は2日目の

※誌面のスペースの関係で「回答欄」は割愛しています。

3倍だったことから$y \times 3 = 3y$（ページ）と表すことができ、1日目と2日目の合計は$3y + y = 4y$（ページ）となる。

よって$50 - x = 4y$が成り立ち、$x = 50 - 4y$となる（つまり3日目は$50 - 4y$と表せる）。

イの条件を検討すると、最も多く解いた日は1日目（最も少ないのは2日目または3日目）と3日目（最も少ないのは2日目）と複数考えられるので、それぞれ場合分けをして確認する。

・最多1日目、最少2日目の場合

イの条件から1日目と2日目の差が15ページとなるので、$3y - y = 15$が成り立つ。これを解くと、

$2y = 15$

整数ではないことは明白なので、yをあえて計算しなくてもよい

$y = 7.5$となり、ページ数は整数であるためこの場合は不適。

・最多1日目、最少3日目の場合

同様に考えて$3y - (50 - 4y) = 15$が成り立つ。これを解くと、

$3y - 50 + 4y = 15$

$7y = 65$

$y = 9.28\cdots$となり、ページ数は整数であるためこの場合は不適。

・最多3日目、最少2日目の場合

$50 - 4y - y = 15$が成り立つ。これを解くと、

$-5y = -35$

$y = 7$

このとき、1日目は$3 \times 7 = 21$ページ、3日目は$50 - 4 \times 7 = 22$ページとなり、条件を満たしている。したがって、22ページが正解となる。

正解　22

慣れていくと、どの数値を文字にすると一番解きやすいかがわかるようになっていきます。不等式の場合には、不等号の向きに注意しましょう。

非言語
練習問題

整数問題

解答時間 60 秒

空欄にあてはまる数値を求めなさい。

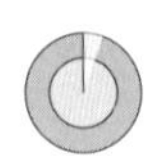

1 A、B、C は正の整数であり、以下のことがわかっている。

ア　A × B × C ＝ 36
イ　A － B ＝ 4

このとき、C は［　　　］である。

1 回答欄［　　　］

次へ

回答時間

解答・解説

1 アの式より　$C = \dfrac{36}{A \times B}$

Cは**正の整数**なので、分母A × Bは

36の約数（1、2、3、4、6、9、12、18、36）である。

また、A、Bも**正の整数**なので、AもBもそれぞれ**36の約数**である。

つまり、A、Bも1、2、3、4、6、9、12、18、36のうちのいずれかである。

ここでAの数値について具体的に検討する。

イの式より、A＝B＋4

つまり、AはBよりも4つ大きな数であり、Bが正の整数であることを考慮して36の約数の中で該当する数を考えると、Aが1、2、3、4になることはない。

よって、Aは6、9、12、18、36のいずれかである。

このときBはAよりも4つ小さな数字なので、

それぞれ2、5、8、14、32となるが、

Bも36の約数になるのは**2**のみである。

よってAは**6**、Bは**2**となり、このとき　$C = \dfrac{36}{6 \times 2} = 3$

したがって、空欄には**3**がはいる。

正解　3

金銭の計算（損益算）

頻出問題と解答のコツ

損益算では基本となる公式を覚えてあてはめることが重要です。基本公式を複数使う問題が頻出です。普段使い慣れない言葉が出てきますので、語句の意味などもしっかりと覚えておきましょう。

★ 金銭の計算を解くポイント

① 定価＝原価(仕入れ値)×(1＋利益の割合)
② 売価(実際の売値)＝定価×(1－割引率)
③ 利益＝売価－原価(仕入れ値)

頻出問題

［例題］空欄にあてはまる数値を求めなさい。

1 ある店では定価の4割引きで売っても原価の2割の利益が出るように定価を定めている。このとき定価が1,200円の品物の原価は［　　］円である。

1 回答欄

2 ある商品に仕入れ値の60%の利益を見込んで定価をつけたが売れなかったので、定価の30%引きにして販売したところ300円の利益が得られた。このとき仕入れ値は［　　］円である。

2 回答欄

解答のコツ

1 原価を x 円として公式にあてはめていく。
定価が 1,200 円でこれを 4 割引きで販売すると、
そのときの売価は、**売価＝定価 ×（1 ー割引率）**にあてはめて、
1,200 ×（1 － 0.4）＝ 1,200 × 0.6 ＝ 720（円）
利益が原価（x 円）の 2 割で、割合の考え方をあてはめれば、
利益は x × 0.2 ＝ $0.2x$（円）と表せる。
原価…x 円　　売価…720 円　　利益…$0.2x$ 円
がそろったので、**利益＝売価ー原価**にあてはめると、
$0.2x = 720 - x$
これを解いて、x ＝ 600（円）

正解　600

2 仕入れ値を x 円とすると、定価は
定価＝原価×（1 ＋利益の割合）にあてはめて、
x ×（1 ＋ 0.6）＝ $1.6x$（円）と表せる。
これを 30％引きで販売する。
売価＝定価×（1 ー割引率）にあてはめて、
$1.6x$ ×（1 － 0.3）＝ $1.12x$（円）
利益が 300 円となることから、**利益＝売価ー原価**にあてはめると
$1.12x - x = 300$
これを解いて x ＝ 2,500（円）

正解　2500

「金銭の計算を解くポイント」に挙げた基本公式を必ず押さえておくことが重要です。基本公式に素早くあてはめ、解答時間の短縮を目指しましょう。

非言語
練習問題

金銭の計算（損益算）

解答時間 120 秒

空欄にあてはまる数値を求めなさい。

1 定価 3,250 円の商品を 2 割引で販売したところ、仕入れ値の 3 割の利益があった。この商品の仕入れ値は [　　　] 円である。

1 回答欄

2 ある店で食事をし、2,000 円を支払ったところ、お釣りは食事代金の 1 ／ 6 より 40 円多かった。このとき、お釣りは [　　　] 円である。

2 回答欄

次へ

回答時間

解答・解説

1 定価3,250円の商品を2割引で販売したので、
売価は「売価＝**定価×（I－割引率）**」の公式に代入して、
売価＝3,250×（I－0.2）＝2,600（円）
仕入れ値をxとおくと、利益は仕入れ値の3割なので、利益＝$0.3x$
「利益＝**売価－仕入れ値**」を用いて方程式を立てると、
$0.3x = 2,600 - x \Rightarrow 1.3x = 2,600 \Rightarrow x = 2,000$（円）
よって、仕入れ値は**2,000**円。

正解 2000

2 おつりをx円、食事代金をy円とすると、
合計が2,000円なので、$x + y = 2,000$ …①
お釣りは食事代金のI／6より40円多かったので、
$x = \frac{y}{6} + 40$ ……②
①②を連立させてxを求めていく。
①より、$y = 2,000 - x$
②を6倍して$6x = y + 240$
これらより、$6x = 2,000 - x + 240$
$7x = 2,240$
$x = 320$

正解 320

2章【3日で対策 I日目】非言語検査の解答のコツ

速さ

速さには３公式（距離＝速さ×時間、速さ＝距離÷時間、時間＝距離÷速さ）があります。「アドバイス」の「きはじ」の図を覚えておきましょう。公式を使う際には、単位をそろえる必要があるかにも注意しましょう。

★ 速さを解くポイント

① 基本公式（速さの３公式）を使う
② 時間の変換（１分＝$\frac{1}{60}$時間）に注意する
③ 距離の変換（１km ＝ 1,000 m）に注意する

頻出問題

［例題］**空欄にあてはまる数値を求めなさい。**

Ａさんは家から駅まで３km の道のりを自転車で通っている。いつもは 15 分かけて通っているが、ある日家を出るのがいつもより５分遅れてしまった。

いつもと同じ時間に駅に到着するには、いつもより時速 [　　　] km 速くする必要がある。

回答欄 [　　　]

解答のコツ

通常時の速さと５分の遅れを取り戻すときの速さを求めて、その差を計算する。速さの公式より**「速さ＝距離÷時間」**を利用する。

「時速」に合わせて「分」を「時」に直す

3 km の道のりを 15 分、つまり$\frac{15}{60}$時間（＝$\frac{1}{4}$時間）かけているので、このときの速さは公式より $3 \div \frac{1}{4} = 3 \times 4 = 12$（km/ 時）とわかる。

５分遅れてしまったが、いつもと同じ時間に到着するには、10 分（＝$\frac{1}{6}$時間）で駅に到着する必要がある。

このときの速さは公式より $3 \div \frac{1}{6} = 3 \times 6 = 18$（km/ 時）

したがって、いつもより 18 − 12 ＝ **6**（km/ 時）、速くする必要がある。

なお、かかる時間が 15 分から 10 分になる（つまり、もとの$\frac{10}{15}$倍になる）場合、速さは時間の逆数である$\frac{15}{10}$倍となるので、遅れたときの速さは $12 \times \frac{15}{10} = 18$（km/ 時）と計算することもできる。

正解　6

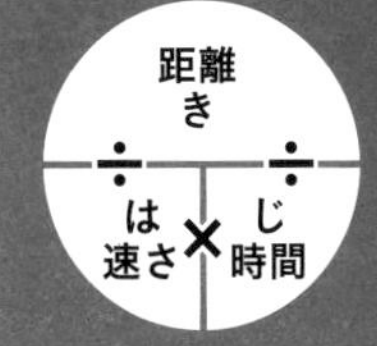

速さの３公式は、「距離＝速さ×時間」「速さ＝距離÷時間」「時間＝距離÷速さ」です。小学校のときに習った左の図を確認しておきましょう。

非言語
練習問題

速さ

Check

解答時間 120 秒

空欄にあてはまる数値を求めなさい。

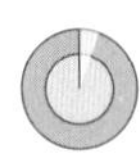

1 家から2.7km離れた市役所まで自転車で往復した。行きは上り坂で平均時速8.1km/時、帰りは下り坂で平均時速13.5km/時で自転車をこいだ。また、市役所での手続きに55分かかった。このとき、家を出てから帰宅するまでにかかった時間は［　　　］分である。

1 回答欄

2 自宅から4.2km離れた駅まで、はじめは時速4.5kmで歩いたが、途中から時速10.0kmで走ったので34分かかった。このとき歩いていた時間は［　　　］分である（必要なときは、最後に小数点以下第1位を四捨五入すること）。

2 回答欄

次へ

回答時間

解答・解説

1 家から市役所までにかかった時間は「時間＝距離÷速さ」の公式より $2.7 \div 8.1 = \frac{1}{3}$（時間）

これを分の単位に換算すると、$\frac{1}{3} \times 60 = 20$（分）

同様に、市役所から家までにかかった時間は $2.7 \div 13.5 = \frac{1}{5}$（時間）

分の単位に換算すると、$\frac{1}{5} \times 60 = 12$（分）

これらに市役所での手続き時間を合わせると、

$20 + 55 + 12 = 87$（分）

正解 87

2 まず、速度の単位（時間、km）にそろえて考える。

自宅から駅までかかった時間は 34 分＝$\frac{34}{60} = \frac{17}{30}$（時間）

歩いていた時間を x 時間とおくと、走っていた時間は、

$(\frac{17}{30} - x)$ 時間

よって、自宅から駅までの距離で方程式を立てると、

$$\underbrace{4.5 \times x}_{\text{歩いた距離}} + \underbrace{10.0 \times \left(\frac{17}{30} - x\right)}_{\text{走った距離}} = \underbrace{4.2}_{\text{自宅から駅までの距離}}$$

$4.5x + 10 \times \frac{17}{30} - 10x = 4.2$

$\frac{17}{3}$にして計算してもよいが、その後の計算のしやすさを考えて残しておく。

両辺を 30 倍し、移項して整理すると

$135x - 300x = 126 - 170 \Rightarrow -165x = -44$

$\Rightarrow x = \frac{44}{165} = \frac{4}{15}$（時間）

これを分の単位に変換すると $\frac{4}{15} \times 60 = 16$（分）

正解 16

推論（条件の選択）頻出問題と解答のコツ

WEBテスティングの推論は、例題のように「アだけでわかるが〜、イだけでわかるが〜」という問題が多く出題されます。ほかのテストにはない出題形式なので多くの問題を解いて慣れておきましょう。

★ 条件の選択の推論を解くポイント

「ア・イの条件から求められるか否かを問う推論」の場合

① 「求められるか否か」はそれぞれの条件で式を立てて考えるのが基本
② 2数を求めるならば連立方程式で解く
③ 前提文から式を立てることもある

頻出問題

［例題］以下について、ア、イの情報のうち、どれがあれば［問い］の答えがわかるかを考え、A〜Eの中から正しいものを1つ選び、答えなさい。

兄は毎朝20分かけて学校へ歩いて通っている。弟は兄より5分前に出発し兄と同時に学校に到着する。

［問い］学校までの距離は何mか。

ア　2人の速さの差は分速25mだった
イ　兄の速さは弟の1.25倍だった

A　アだけでわかるが、イだけではわからない
B　イだけでわかるが、アだけではわからない
C　アとイの両方でわかるが、片方だけではわからない
D　アだけでも、イだけでもわかる
E　アとイの両方があってもわからない

回答欄　○A　○B　○C　○D　○E

解答のコツ

学校までの距離を x mとすると、兄は20分かけて通うので、その速さは$\frac{x}{20}$（m/分）と表せる。

速さ＝距離÷時間　（$\frac{距離}{時間}$）

弟は兄よりも5分多くかかるので、速さは$\frac{x}{25}$（m/分）となる。これをもとにアとイを検討する。

アの情報だけで考えてみると、2人の速さの差が25となるので、$\frac{x}{20}-\frac{x}{25}=25$が成り立つ。両辺を100倍すれば$5x-4x=2{,}500$となるので、$x=2{,}500$（m）と答えを導くことができる。

イの情報だけで考えてみると、兄の速さが弟の1.25倍より$\frac{x}{20}=\frac{x}{25}\times 1.25$となるが、左辺と右辺が全く同じになるだけなので x を求めることはできない。

したがって、Aのアだけでわかるが、イだけではわからないが正解となる。

正解　A

解答するためには、まず前提文や条件から式を立てることが必要です。問題に慣れてくると式を立てるのも速くなり、解答時間の短縮にもつながります。

非言語
練習問題

推論（条件の選択）

解答時間 60 秒

以下について、ア、イの情報のうち、どれがあれば［問い］の答えがわかるかを考え、A～Eまでの中から正しいものを1つ選び、答えなさい。

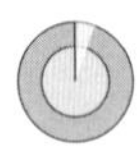

1 ［問い］あるイベントの昨日の参加者数は何人か。

ア　昨日の男性の参加者数は女性より90人多かった

イ　昨日の女性の参加者数は105人で、全体の35％だった

A　アだけでわかるが、イだけではわからない
B　イだけでわかるが、アだけではわからない
C　アとイの両方でわかるが、片方だけではわからない
D　アだけでも、イだけでもわかる
E　アとイの両方があってもわからない

1 回答欄　○A　○B　○C　○D　○E

次へ

回答時間

解答・解説

1 ア、イの情報からわかることを整理する。

ア：昨日の男性の参加者数＝昨日の女性参加者数＋ 90

イ：昨日の女性の参加者数＝ 105

昨日の男女の参加者数× 0.35 ＝ 105

アの情報だけでは、**昨日の男女の参加者数の差しかわからない**。一方、イの情報では、**昨日の女性の参加者数と全体に対する女性の割合**が与えられている。

昨日の参加者数は、イの情報だけを使って
女性の参加者数÷女性の割合
で求めることができる。
実際の値を入れてみると、
昨日の参加者＝ 105 ÷ 0.35 ＝ 300（人）
とわかる。

よって、「**イだけでわかるが、アだけではわからない**」のBが正解。

正解 B

推論（その他）

頻出問題と解答のコツ

WEB テスティングの推論では、P.44 ～ 47 で解説した、「アだけでわかるが～、イだけでわかるが～」といった条件の選択のほかにも、さまざまな問題が出題されます。順序や位置関係の推論は頻出ですので、しっかりと対策しておきましょう。

★ 位置関係の推論を解くポイント

① 条件を図や表にまとめる
② 場合分けをしてすべての可能性を書き出す
③ 矛盾が生じた場合は消去する

頻出問題

［例題］空欄にあてはまる数値を求めなさい。

P、Q、R、Sの４人のテストの点数について、全員が 60 点台だった。PとQは５点差、RとSは７点差、PとRは３点差だったことがわかっている。

このとき、考えられる４人の順位は ＿＿＿ 通りある。

回答欄

解答のコツ

１人を基準（０点）にして、ほかの人との差を検討する。

本問ではＱを基準とすると、差の条件からＱ→Ｐ→Ｒ→Ｓと順を追って考えることができる。

Ｑを０点とすると、Ｐは**＋５点**または**－５点**と表せる。すると、ＲはＰと３点差なのでＰが＋５点ならば、Ｒは**＋５＋３＝＋８点**または**＋５－３＝＋２点**、Ｐが－５点ならばＲは－５＋３＝－２点または－５－３＝－８点と表せる。同様にＲを利用してＳを求めれば、以下のようにまとめられる。

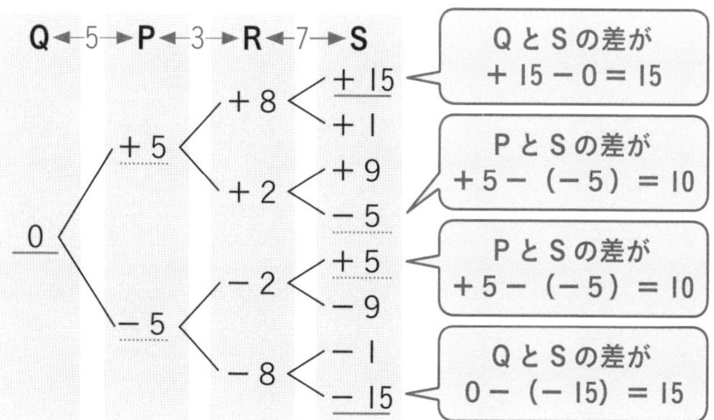

ただし、全員が60点台（60～69点）であることから、最低点と最高点の差が**９**点以内となる必要がある。すると、Ｓが＋15と－15の場合はＱとＳの差が15点となるため**不適**であり、Ｓが－５と＋５の場合はＰとＳの差が10点となるため**不適**となる。

したがって、考えられる４人の順位は４通り。

正解 ４

解答のスピードアップのコツは、条件を素早く図や表に書き出してまとめることです。場合分けをして可能性があるものはすべて書き出してみましょう。

推論（その他）

解答時間 60 秒

空欄にあてはまる数値を求めなさい。

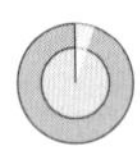

1 駅に1番から20番までのコインロッカーがあり、S、T、Uはそれぞれ1カ所を利用した。3番、7番のロッカーはすでにほかの人に利用されており、S、T、Uのロッカーの番号について以下のことがわかっている。

ア　3人のロッカー番号の合計は27である
イ　Sのロッカー番号はTより12大きい

このとき、Uのロッカー番号は［　　］である。

1 回答欄［　　］

次へ

回答時間

解答・解説

1 どのような場合があるか、具体的に検討していく。イの条件からSの番号はTの番号を利用して表すことができるので、TとUの2人の番号について関係式を立てる。

アより、**S＋T＋U＝27** ……①
イより、**S＝T＋12** ……②

①式に②を代入すると、
T＋12＋T＋U＝27
2T＋U＝15
U＝15－2T

Uは1以上であるため、Tは**7**以下であることがわかる。
TとUの組み合わせを（T, U）と表すと、
（7, 1）（6, 3）（5, 5）（4, 7）（3, 9）（2, 11）（1, 13）となる。
ただし、3番と7番のロッカーはすでに使われており、
同じ番号のロッカーも使えないことから、**（2, 11）（1, 13）**に絞られる。

（2, 11）のとき、イの条件よりS＝2＋12＝14となり、すべての条件を満たしている。
（1, 13）のとき、S＝1＋12＝13となるが、13が重複するため適さない。
以上より、Uのロッカー番号は11と決まる。

正解 11

非言語検査

場合の数

頻出問題と解答のコツ

場合の数は、何通りあるかを求める問題です。すべて数えて正解を求めることも可能ですが、それでは時間がかかってしまうため、「順列」や「組み合わせ」を使って時間をかけずに解答できるようにしましょう。

★ 場合の数を解くポイント

① 順列＝異なるn個からr個とって並べる

公式：$_nP_r = n \times (n-1) \times (n-2) \times \cdots \times (n-r+1)$（通り）

② 組み合わせ＝異なるn個からr個とって組にする

nから数字を1ずつ小さくしてr個掛ける

公式：$_nC_r = \dfrac{n \times (n-1) \times (n-2) \times \cdots \times (n-r+1)}{r \times (r-1) \times (r-2) \times \cdots \times 1}$（通り）

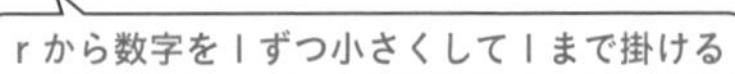
rから数字を1ずつ小さくして1まで掛ける

頻出問題

［例題］空欄にあてはまる数値を求めなさい。

子供4人と大人3人がいる。この中から子供2人、大人2人の合計4人でリレーのメンバーをつくるとき、走る順番は［　　　］通りである。

回答欄

解答のコツ

子供４人から２人を選ぶ場合、組み合わせ（Cを使った計算）の公式を使い、$_4C_2$となる。

順番は必要ないのでCで計算

同様に大人３人から２人を選ぶ場合、$_3C_2$となる。

この時点で４人の選び方は

$$_4C_2 \times {_3C_2} = \frac{4 \times 3}{2 \times 1} \times \frac{3 \times 2}{2 \times 1} = 18$$ （通り）あり、

$_3C_2$は$_3C_{3-2} = {_3C_1} = 3$と考えてもよい。
これは、$_3C_2 = \frac{3 \times 2}{2 \times 1} = 3$となるが、分母と分子に２が含まれており、約分すると$_3C_1$と同じ結果となるため（$_nC_r = {_nC_{n-r}}$）

選んだ４人を順番に並べると、順番が必要なので、順列（Pを使った計算）の公式を使って、

$_4P_4 = 4 \times 3 \times 2 \times 1 = 24$（通り）となる。

18通りある選んだ４人ごとに24通りの順番があるので、

全部で$18 \times 24 = 432$（通り）となる。

正解　432

順列と組み合わせの考え方が理解できたら、$_4C_2 \times {_3C_2} \times {_4P_4}$とまとめて式を立てるようにしてみましょう。

２章【３日で対策 １日目】非言語検査の解答のコツ

非言語
練習問題

場合の数

解答時間 45秒

空欄にあてはまる数値を求めなさい。

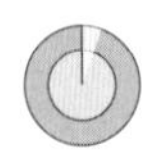

1 月曜日から土曜日まで、A・B・C・D・Eの5人で飼育小屋の当番をすることになった。1日につき1人が担当するが、日数に比べて人数が少ないため2日間担当する人が出てくる。ただし、1人1日は必ず担当する。だれがどの曜日の担当になるかは［　　］通りである。

1 回答欄 ［　　］

次へ

回答時間

解答・解説

1 月曜日から土曜日までの６日間を５人で担当するため、５人の中でⅠ人だけが２日間担当することになる。

n(６)日間からr(２)日間担当する場合の数を求めるため、ここでは**組み合わせの公式**を使う。

$${}_6C_2 = \frac{6 \times 5}{2 \times 1} = \frac{30}{2} = 15 \text{（通り）}$$

また、２日間担当する人の選び方は、５人いるので**５通り**となる。

最後に、残りの４日間を４人でそれぞれ担当する場合の数を考える。ここでは異なる４人が４日間にそれぞれ担当すると考えて、**順列の公式**を使う。

$${}_4P_4 = 4 \times 3 \times 2 \times 1 = 24 \text{（通り）}$$

この問題では、「同じ人が担当する曜日」と「２日間担当する場合」と「残りの４日間を４人でそれぞれ担当する場合」は同時に起こるため、**積の法則**を使う（積の法則は、P.57の「アドバイス」を参照）。したがって、15 × 5 × 24 = 1,800（通り）となる。

正解 1800

確率

頻出問題と解答のコツ

場合の数の順列や組み合わせの公式を使って解く問題。サイコロを投げた時の確率はよく出題されています。サイコロの問題の場合、実際にどのような目が出るのかを数え上げることも必要です。

★ 確率を解くポイント

① 確率＝$\dfrac{\text{問題の事象が起きる場合の数}}{\text{すべての場合の数}}$

② 2つの事象が同時に（続けて）起こる
→「積の法則」を使う

③ 2つの事象が同時に起こらない(場合分け)
→「和の法則」を使う

頻出問題

［例題］空欄にあてはまる数値を求めなさい。

箱に1から9までの数字が書かれた9個の玉がある。箱の中から続けて3個の玉を取り出したとき、3個の数字の積が奇数である確率は［　　］／［　　］である。

回答欄 ［　　］

解答のコツ

3個の積が奇数となるのは、**3個とも奇数の数字**であった場合のみ。箱の中から3つの玉を連続して取り出す場合、玉の取り出し方は全部で

$${}_9C_3 = \frac{9 \times 8 \times 7}{3 \times 2 \times 1} = 84 \text{（通り）}$$

3個とも奇数となる場合は、奇数である1、3、5、7、9の**5個の中から3個を取り出す**ことになるので、取り出し方は

$${}_5C_3 = \frac{5 \times 4}{2 \times 1} = 10 \text{（通り）}$$

$_5C_3$は$_5C_{5-3} = {}_5C_2$と考えてもよい（P.53参照）

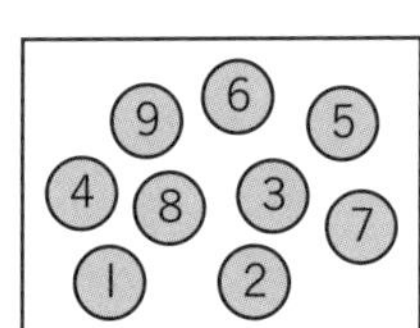

よって、確率は$\frac{10}{84} = \frac{5}{42}$となる。

正解 5/42

別解

1個ずつ取り出して奇数が3回続くと考えると、

1個目に奇数となる確率は$\frac{5}{9}$、

2個目に奇数となる確率は、奇数の玉が1個減るので$\frac{4}{8}$、

3個目に奇数となる確率は、奇数の玉がさらに1個減るので$\frac{3}{7}$

積の法則が成り立つので、$\frac{5}{9} \times \frac{4}{8} \times \frac{3}{7} = \frac{5}{42}$

積の法則……事象Aの起こり方がm通り、かつそのそれぞれに対して事象Bの起こり方がn通りあるとき、事象Aと事象Bが両方起こる場合の数は、$m \times n$通り

和の法則……2つの事象A、Bが同時に起こらないとする。事象Aの起こり方がm通り、事象Bの起こり方がn通りあるとき、事象Aまたは事象Bが起こる場合の数は$m + n$通り

非言語
練習問題

確率

解答時間 60 秒

空欄にあてはまる数値を求めなさい。

1 赤玉３個、白玉５個が入った箱Ｘと、赤玉６個、白玉４個が入った箱Ｙがある。いま、サイコロを振って３の倍数が出たら箱Ｘから、それ以外の場合は箱Ｙから玉を１つ取り出すことにした。このとき、白玉を取り出す確率は［　　］／［　　］である。約分した分数で答えなさい。

1 回答欄 ［　　］／［　　］

次へ

回答時間

解答・解説

1 まずサイコロを振って3の倍数（3か6）が出る確率は、

$\frac{2}{6}=\frac{1}{3}$

箱Xから白玉を取り出す確率は、8個の玉から5個の白玉を取り出す確率なので、$\frac{5}{8}$

「サイコロが3の倍数」と「箱Xから白玉を取り出す」は同時に起こる事象なので、その確率は、**積の法則**より$\frac{1}{3}\times\frac{5}{8}=\frac{5}{24}$

同様に、3の倍数以外が出る確率は、

$1-\frac{1}{3}=\frac{2}{3}$

箱Yから白玉を取り出す確率は、10個の玉から4個の白玉を取り出す確率なので、

$\frac{4}{10}=\frac{2}{5}$

よって、

$\frac{2}{3}\times\frac{2}{5}=\frac{4}{15}$

よって、白玉を取り出す確率は、

$\frac{5}{24}+\frac{4}{15}=\frac{57}{120}=\frac{19}{40}$

正解 19/40

非言語検査

図表の読み取り

頻出問題と解答のコツ

WEB テスティングでは、表から割合を計算する問題が多く出題されます。数字が細かい場合もあるため電卓を使用して計算するとよいでしょう。また、大小の比較をグラフで表す問題も出題されます。

★ 図表の読み取りを解くポイント

① 全体数と部分数をグラフから読み取り、割合を求める（合計を計算する必要もある）
② 細かい計算は電卓を利用する
③ ほかのテストでは見ないタイプの出題が多いので慣れておく必要がある

頻出問題

［例題］**表を見て次の問いに答えなさい。**

表はある地域の年齢別人口を男女別に示したものである。

【年齢別・男女別人口数】

（単位：人）

年齢	0～12	13～20	21～40	41～64	65～	合計
男性	34,200	29,700	45,400	47,200	39,500	196,000
女性	33,600	30,300	43,200	47,000	46,300	200,400

1 この地域の全人口に占める20歳以下の人口の割合は ［　　］ %である（必要な場合は、最後に小数点以下第1位を四捨五入）。

2 0～12歳、21～40歳、41～64歳の各年代で男女比を調べたとき、男性の比率が高い順に並べるとどのようになるか。次のA～Fの中から正しいものを選びなさい。

※誌面のスペースの関係で「回答欄」は割愛しています。

A　0～12歳、21～40歳、41～64歳　B　0～12歳、41～64歳、21～40歳
C　21～40歳、0～12歳、41～64歳　D　21～40歳、41～64歳、0～12歳
E　41～64歳、0～12歳、21～40歳　F　41～64歳、21～40歳、0～12歳

解答のコツ

1　割合を求めるので、公式から「**20歳以下の人口の合計÷全人口**」を計算する。「20歳以下の人口の合計」と「全人口」が必要となるので、表から必要な数値を計算しておく。

（全体数×割合＝部分数より、割合＝部分数÷全体数）

20歳以下の人口……34,200＋33,600＋29,700＋30,300＝127,800（人）

全人口……196,000＋200,400＝396,400（人）

求める割合は、127,800÷396,400＝0.322…

%に直せば32.2…%となるので、小数点以下第1位を四捨五入して32%となる。

正解　32

2　男性の割合は、「**男性の人数÷男女合計**」で求められるが、「男性÷女性」を計算すれば女性を1としたときの男性の割合となるので、男女合計を求めなくても比較ができる。

ただし、このうち男女の人数差を見ると、0～12歳は600人、21～40歳は2,200人、41～64歳は200人で男性が多くなっており、人数差に数倍の開きがある。基準となる人口は各年代で大きく違わないので、**男女の人数差がそのまま男女の割合の大小と結びつく**と予想できる。このことから、21～40歳が最も男性比率が高く、41～64歳が最も低いと考えられる。

したがってCが正解。

正解　C

なお、「男性÷女性」を計算してみると、「0～12歳：1.017…」「21～40歳：1.050…」「41～64歳：1.004…」となります。電卓を利用すればそれほど時間はかかりません。

非言語
練習問題

図表の読み取り

解答時間 120 秒

表は、4地域P、Q、R、Sにおける野菜類の作付面積の割合を示したものである。

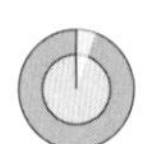

	P	Q	R	S
合計面積	2,100ha	3,900ha	3,200ha	2,600ha
根菜類	19.9%	18.6%	40.0%	28.4%
葉茎菜類	50.3%	62.8%	25.3%	32.1%
果菜類	29.8%	18.6%	34.7%	39.5%
計	100%	100%	100%	100%

1 根菜類の作付面積が葉茎菜類を上回っている地域では、根菜類は葉茎菜類の [　　] 倍作付されている（必要なときは、最後に小数点以下第2位を四捨五入すること）。

1 回答欄

2 各地域の果菜類の作付面積を表したグラフは、次のA～Fのうちどれに最も近いか。なお、グラフの横軸は、左からP、Q、R、Sの順に並んでいる。

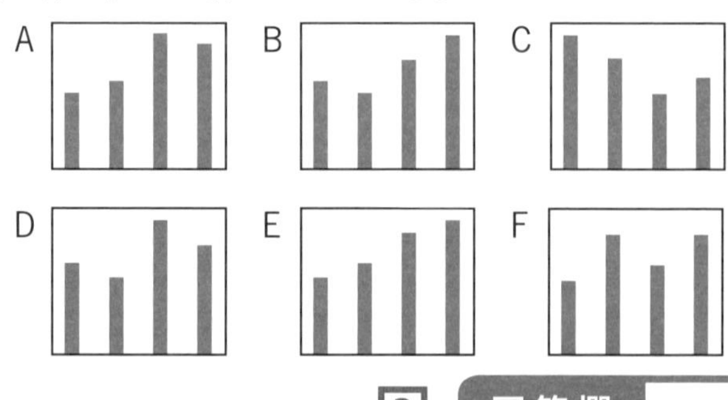

2 回答欄

次へ

回答時間

解答・解説

1 表を見ると、根菜類の作付面積が葉茎菜類を上回っている地域はRだけとわかる。
根菜類はR全体の40.0%作付され、葉茎菜類は25.3%作付されている。
よって根菜類は葉茎菜類の 40.0 ÷ 25.3 = **1.58**…倍となる。
小数点以下第2位を四捨五入すると、**1.6** 倍が正解である。

正解 1.6

2 4地域の果菜類の作付面積は、**合計面積 × 果菜類の作付面積の割合**で求める。
P〜Sをそれぞれ計算すると、以下の通りである。
P：2,100 × 0.298 = **625.8**（ha）
Q：3,900 × 0.186 = **725.4**（ha）
R：3,200 × 0.347 = **1110.4**（ha）
S：2,600 × 0.395 = **1027**（ha）

これをもとにA〜Fのグラフを検討する。
グラフの横軸は、左からP、Q、R、Sの順に並んでいるため、
Rのグラフが一番長く、Pのグラフが一番短い選択肢を探す。
よって、Aのグラフが最も近いといえる。

正解 A

集合

集合の問題は、与えられた条件をベン図に表して計算式を立てる解法が一般的です。ベン図を描いたら、順を追って条件を書き込んでいきましょう。

★ 集合を解くポイント

① ベン図を描いて、条件を書き込む（求めたいものを x とおく）
② 条件が中途半端な場合、先に計算が必要になる
③ 書き込んだあとは図の全体や一部で式を立てて計算する

頻出問題

［例題］空欄にあてはまる数値を求めなさい。

200人の学生にアンケートを取ったところ、サークル活動をしている人が125人で、アルバイトをしている人が146人いた。サークル活動をしている人のうちアルバイトをしている人が84％だったとき、アルバイトもサークル活動もしていないという人は［　　　］人である。

回答欄［　　　］

解答のコツ

「サークル活動をしている人のうちアルバイトをしている人が 84%だった」ことから、その人数を計算しておく必要がある。

サークル活動をしている 125 人のうちの 84%より、125 × 0.84 = 105（人）であることがわかる。

この人数は、サークル活動とアルバイトの両方をしているという人なので、情報をベン図に書き込めば右図のようになる。

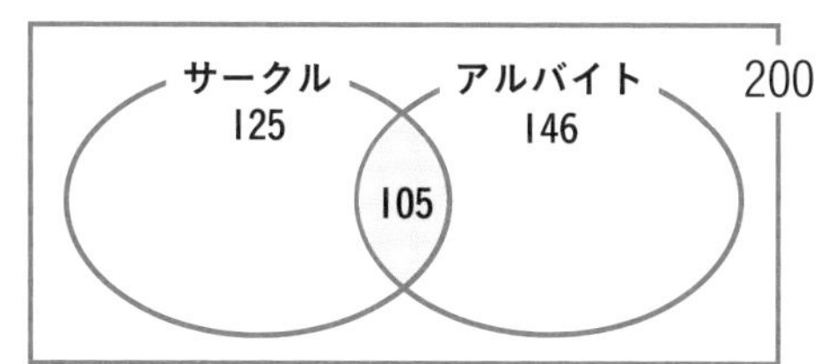

ここで、「サークル活動のみしている人」は、125 人から両方しているという 105 人を引いて **125 − 105 = 20（人）**、「アルバイトのみしている人」も同様に **146 − 105 = 41（人）** となる。

これらをベン図に書き加え、さらに求めたい「サークル活動もアルバイトもしていない」人を x 人とすると、右図のようなベン図となる。

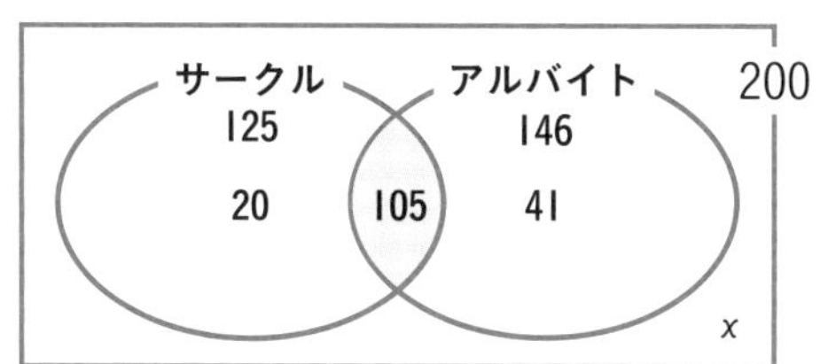

この図には「サークル活動のみ」「アルバイトのみ」「両方ともしている」「両方ともしていない」の 4 つのグループがあり、合計すれば全員の 200 人となる。

よって、**20 + 41 + 105 + x = 200** が成り立つ。

これを解くと、x = 34（人）

正解　34

「サークル活動とアルバイトの少なくともいずれかをしている人」＝「サークル活動をしている人」＋「アルバイトをしている人」－「両方している人」＝ 125 ＋ 146 － 105 ＝ 166 人より、「両方ともしていない人」＝ 200 － 166 ＝ 34 と考えるともっと速く解けます。

集合

解答時間 90 秒

空欄にあてはまる数値を求めなさい。

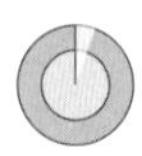

1 45人のクラスで試験を行った。この試験では問題①、問題②、問題③の中から2問を選んで答えることとなっている。問題①を選んだ人が26人、問題②を選んだ人は23人いたとすると、問題①と問題②の2問を選んだ人は [　　　] 人である。

1 回答欄 [　　　]

次へ

回答時間

解答・解説

1 問題①と②の2問を選んだ人数を x として、ベン図を描いてみる。必ず2問を選んでいることから、問題①と②のいずれも選ばなかった人数は0人、ベン図で問題①のみ、問題②のみ選んだと表される部分は、もう1問として**問題③**を選んでいることになる。

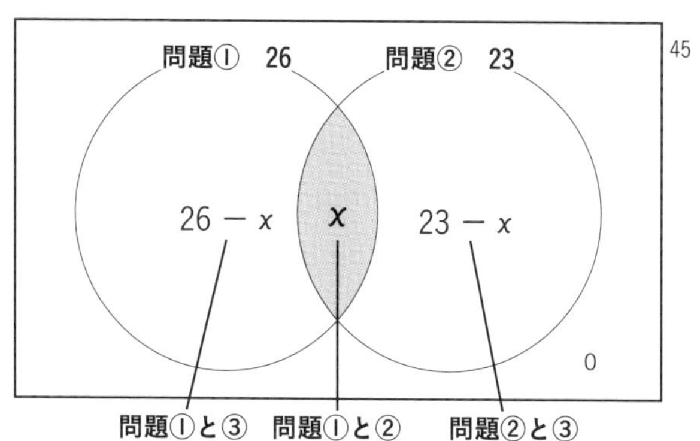

問題①と③、問題①と②、問題②と③を選んだ人数の合計が45人となるので、

$26 - x + x + 23 - x = 45$ が成り立つ。

$-x = 45 - (26 + 23) = -4$

$x = 4$ （人）

正解 4

別解

1人が2問選んだので、全員で合わせて $45 \times 2 = 90$ （問）を選んだことになる。

そのうち26問は問題①を選んだ人の分、23問は問題②を選んだ人の分となるので、

残りの $90 - (26 + 23) = 41$ （問）が問題③を選んだ人の分。

つまり、問題③を選んだ人数といえる。

問題①と②の2問を選んだ人は問題③を選ばなかった人であるため、その人数は全体から問題③を選んだ人を除いた $45 - 41 = 4$ （人）となる。

「受検慣れ」がWebテスト攻略のカギ！

●第一志望の企業の選考前に「受検慣れ」しておく

Webテストは準備して臨んでも1回目の受検では力を出し切れないことがよくあります。「受検慣れ」「画面慣れ」をするためにも、第一志望の企業の受検前に何度かWebテストの受検しておき、試験に慣れておくとよいでしょう。

具体的な方法としては、志望度が高くなくても選考が早い企業にエントリーしておくことで、Webテストの受検回数を増やすことができます。

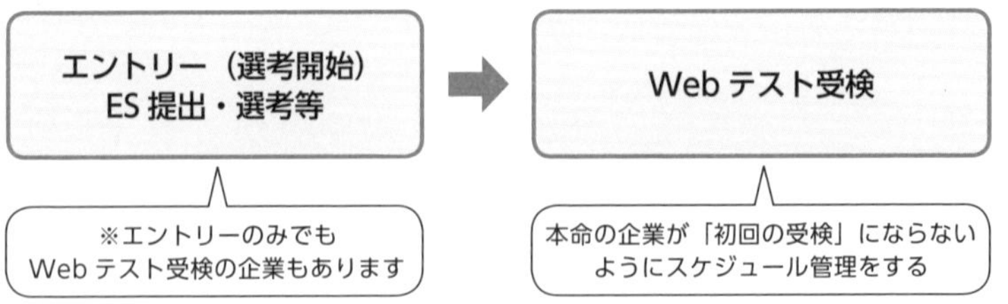

● Webテストは解き方を覚えて復習を繰り返す

Webテストは、出題側がストックしている大量の問題から出題されますので、同一の問題にあたることはあまり期待できません。ただ、2回目以降の受検の際に「似たような問題」と感じることはよくあります。これは、出題される問題がある程度パターン化されているため、解き方を覚えれば対策がしやすいテストだからです。

本書などで似たような問題について復習をしておくと、2回目以降の受検時には、正解率が上がるだけでなく、「時間の節約」をすることもできます。

3章

【3日で対策　2日目】

言語検査の解答のコツ

CONTENTS

熟語

熟語は、その成り立ちについて答える問題が出題されます。選択肢の種類は、「似た意味」「反対の意味」「修飾」「目的語」「主語・述語」の５種類ですので、しっかり覚えましょう。

★ 熟語を解くポイント

①「似た意味」「反対の意味」は
漢字の意味を考える
②「修飾」「目的語」「主語・述語」は
読み下してみる（日本語の語順にして読む）
③「どれでもない」という選択肢に注意する

頻出問題

［例題］以下の５つの熟語の成り立ち方として、適したものをA～Dの中から１つずつ選びなさい。

1 犠牲
2 人為
3 災禍
4 納税
5 添削

A　主語と述語の関係にある
B　動詞の後に目的語をおく
C　似た意味をもつ漢字を重ねる
D　A～Cのどれにもあてはまらない

1 回答欄 ○A ○B ○C ○D

2 回答欄 ○A ○B ○C ○D

3 回答欄 ○A ○B ○C ○D

4 回答欄 ○A ○B ○C ○D

5 回答欄 ○A ○B ○C ○D

解答のコツ

1 どちらも「いけにえ」という意味で、似た意味をもつ漢字を重ねる熟語。

正解 C

2 「人が為(な)す」という意味で、主語と述語の関係にある熟語。

正解 A

3 どちらも「わざわい」という意味で、似た意味をもつ漢字を重ねる熟語。

正解 C

4 「税を納める」という意味で、動詞の後に目的語をおく熟語。

正解 B

5 「添(そ)える」と「削る」で、反対の意味をもつ漢字を重ねる熟語。よって、Dの「A～Cのどれにもあてはまらない」となる。

「A～Cのどれにもあてはまらない」の選択肢に要注意

正解 D

熟語の成り立ちの出題形式は、日本漢字能力検定（漢検）でも見られる出題パターンです（漢検では「熟語の構成」と呼ばれる）。多くの問題を解いて、出題パターンに慣れることが大切です。知らなかった熟語はノートにまとめるなどして忘れないようにしましょう。

言語
練習問題

熟語

Check

解答時間 75秒

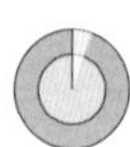

以下の5つの熟語の成り立ち方として、適したものをA～Dの中から1つずつ選びなさい。

1 降伏

2 超越

3 必至

4 悲劇

5 長短

A　似た意味をもつ漢字を重ねる
B　反対の意味をもつ漢字を重ねる
C　前の漢字が後の漢字を修飾する
D　A～Cのどれにもあてはまらない

1 回答欄　○A　○B　○C　○D

2 回答欄　○A　○B　○C　○D

3 回答欄　○A　○B　○C　○D

4 回答欄　○A　○B　○C　○D

5 回答欄　○A　○B　○C　○D

次へ

回答時間

解答・解説

1 「降伏」は、降(くだ)ると伏(ふ)すなので、どちらも相手に屈服する意味になる。よって、**似た意味をもつ漢字を重ねる**熟語。

正解 A

2 「超越」は、超えると越すなので、どちらも何かを「こえる」意味になる。よって、**似た意味をもつ漢字を重ねる**熟語。

正解 A

3 「必至」は、必ず至るという意味で、**前の漢字が後の漢字を修飾する**熟語。

正解 C

4 「悲劇」は、悲しい劇という意味で、**前の漢字が後の漢字を修飾する**熟語。

正解 C

5 「長短」は長いと短いであるから、明らかに**反対の意味をもつ漢字を重ねる**熟語。

正解 B

言語検査

3文の完成

頻出問題と解答のコツ

3文の完成は、文章を完成させるために文の前後のいずれかに選択肢の文を挿入します。日本語として文のつながりが正しいかどうかを基準にして、選択肢を絞っていきましょう。

★ 3文の完成を解くポイント

① 日本語として意味が通じるかどうかを確認する
② 前後関係のつながりが正しいかどうかを確認する
③ 指示語があれば注目する

頻出問題

［例題］以下の3つの文を完成させるためにA～Eの中から最もつながりのよいものを１つずつ選びなさい。ただし、同じ選択肢を重複して使うことはありません。

1 マンションにエレベーターが多ければ、［　　　］。

2 高齢化が進み、車を手放す人が増えれば、［　　　］。

3 建物の老朽化が進んでも、管理が行き届いていれば、［　　　］。

A　マンションの資産価値が下がってしまう
B　駐車場賃料による収入が減少してしまう
C　住民の総意をくみ取ることは大変である
D　便利ではあるが管理費の高騰は避けられない
E　当初よりも耐用年数が延びることにつながる

1 回答欄 ○A ○B ○C ○D ○E

2 回答欄 ○A ○B ○C ○D ○E

3 回答欄 ○A ○B ○C ○D ○E

解答のコツ

1 「エレベーターが多い」ことは、多くの人や荷物を運べることにつながるので便利ではあるが、その分管理をするのに費用が掛かることは想像できる。よって、選択肢Dが入る。

日本語として意味が通じるかどうかで、選択肢を絞ることができる

正解 D

2 「車を手放す人が増える」ことが理由となる選択肢を探すと、選択肢Bの「駐車場賃料の収入の減少」が、あとに続く文としてふさわしいと考えられる。

前後関係のつながりが正しいかどうかを確認する

正解 B

3 「老朽化」が進めば資産価値は下がると考えられるが、「管理が行き届いている」ことに注目すれば老朽化の進行が抑えられると考えられる。よって、「耐用年数が延びる」と書かれている選択肢Eが最もふさわしいといえる。

正解 E

内容が難しい文章であっても、「日本語として意味が通じるか」「前後のつながりは適切か」を論理的に考えていくと、選択肢を絞ることができます。

言語 練習問題

3文の完成

解答時間 60 秒

以下の3つの文を完成させるためにA～Eの中から最もつながりのよいものを1つずつ選びなさい。ただし、同じ選択肢を重複して使うことはありません。

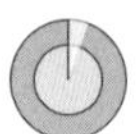

1 新自由主義を最初に打ち出したのは、［　　　］。

2 高福祉、高負担の大きな政府がもたらしたのは、［　　　］。

3 現在新自由主義を推し進めている国は、［　　　］。

（森永卓郎『ニュースのウラ読み経済学』PHP 研究所）

A 先進国ではこのイギリス、アメリカ、日本くらいしかありません。
B 国民がしあわせにはなれてないことがわかったのです。
C やがて、生産性は低下し、経済は活力を失っていきます。
D 高インフレ、高失業率、低成長のイギリス病でした。
E 1979 年に成立したサッチャー政権です。

1 回答欄 ○A ○B ○C ○D ○E

2 回答欄 ○A ○B ○C ○D ○E

3 回答欄 ○A ○B ○C ○D ○E

次へ

回答時間

解答・解説

1 文章の構造から考えるより、意味から考えたほうが解きやすい問題。新自由主義を打ち出すものが何なのかを考える。選択肢Aと Eが考えられるが、問3で選択肢Aが入ることから、ここは選択肢Eが入る。

正解 E

2 文章の構造から考えるより、意味から考えたほうが解きやすい問題。高福祉、高負担の結果としてどのようになったのかを考えると、Dが入る。

正解 D

3 「推し進めている国は」につながるものを考えていく。選択肢Aには具体的な国名があがっていて、あとに続く文としてふさわしい。

正解 A

文章の並び替え

頻出問題と解答のコツ

文章の並び替えは、選択肢の４つの文を並べて、前後と合わせて１つの意味の通る文章をつくる問題です。要素がつながりやすいところから考えていくのがよいでしょう。

★ 文章の並び替えを解くポイント

① 後ろの文とのつながりを考えると文章を完成させやすい
② 主語・述語の関係があれば注目してみる
③ 接続詞（逆接や順接）に注目すると、文章の展開を推測しやすい

頻出問題

［例題］文中のア～エの空欄にＡ～Ｄの語句を入れて文を完成させるとき、最も適切な組み合わせを答えなさい。

気密性が高い住宅は［ア］［イ］［ウ］［エ］理解しておく必要がある。

Ａ　湿気がこもりやすいなど
Ｂ　メリットは多くあるが
Ｃ　デメリットもあることを
Ｄ　遮音性や断熱性など

ア 回答欄 ○A ○B ○C ○D

イ 回答欄 ○A ○B ○C ○D

ウ 回答欄 ○A ○B ○C ○D

エ 回答欄 ○A ○B ○C ○D

解答のコツ

選択肢を確認すると、(B　メリットは多くあるが) と、あとの文章が**逆接**でつながる選択肢があるため、後半にデメリットの話に展開することが推測できる。

また、問題文の「気密性が高い住宅」のメリットとデメリットについて考えてみれば、(D　遮音性や断熱性など) は**メリット**であり、(A　湿気がこもりやすいなど) は**デメリット**であることが理解できる。

そのため、メリットの話であるD→B、デメリットであるA→Cがつながることがわかる。

よって、D→B→A→Cの順番で意味が通じる。

【完成文】
気密性が高い住宅は、遮音性や断熱性などメリットは多くあるが、湿気がこもりやすいなどデメリットもあることを理解しておく必要がある。
※選択肢は読点 (、) を含んでいない。

正解　ア：D　イ：B　ウ：A　エ：C

文章の並び替えは、最後に完成した文章を読んで、つながりがおかしくないかを必ず確認しましょう。

言語
練習問題

文章の並び替え

解答時間 45 秒

文中のア〜エの空欄にA〜Dの語句を入れて文を完成させるとき、最も適切な組み合わせを答えなさい。

1 豪雪地帯に暮らす方には［ア］［イ］［ウ］［エ］瞬間が楽しい。

（読売新聞「編集手帳」 H25.1.5）

A 手のひらに受けて
B 胸をときめかす
C 叱られそうだが
D 舞い降りる白いものを

ア	回答欄	○A	○B	○C	○D
イ	回答欄	○A	○B	○C	○D
ウ	回答欄	○A	○B	○C	○D
エ	回答欄	○A	○B	○C	○D

次へ

回答時間

解答・解説

1 まず、問題文の「瞬間が楽しい」とのつながりを考えてみると、
(A 手のひらに受けて) 瞬間が楽しい……**日本語としておかしい。**
(B 胸をときめかす) 瞬間が楽しい……**日本語として問題なく、意味もつながる。**
(C 叱られそうだが) 瞬間が楽しい……**日本語としておかしい。**
(D 舞い降りる白いものを) 瞬間が楽しい……**日本語としておかしい。**
よって、[エ] にはBが入る。
次に、問題文の「豪雪地帯に暮らす方には」とのつながりを考えてみると、
豪雪地帯に暮らす方には (A 手のひらに受けて) ……**日本語としておかしい。**
豪雪地帯に暮らす方には (C 叱られそうだが) ……**日本語として問題なく、意味もつながる。**
豪雪地帯に暮らす方には (D 舞い降りる白いものを) ……**あとに続くもの次第ではあり得なくもないが、Cのほうがより妥当であるといえる。**
よって [ア] にはCが入る。
最後にAとDの順番を考えてみると、
A－D:(A 手のひらに受けて) (D 舞い降りる白いものを)
D－A:(D 舞い降りる白いものを) (A 手のひらに受けて)
となり、明らかに**D→A**の順番だとわかる。
よって、**C→D→A→B**となる。

【完成文】
豪雪地帯に暮らす方には叱られそうだが、舞い降りる白いものを手のひらに受けて胸をときめかす瞬間が楽しい。
※選択肢は読点(、)を含んでいない。

正解 ア:C イ:D ウ:A エ:B

言語検査

適語の補充

頻出問題と解答のコツ

適語の補充は、３カ所の空欄を選択肢の言葉で埋める問題です。選択肢の言葉はすべていずれかの空欄に使われるので、難易度はそれほど高くありません。確実に解答できるようにしましょう。

★ 適語の補充を解くポイント

① 選択肢のすべてが解答に必ず使われる
② 答えがわかりやすいところから埋める
③ 明らかに違う選択肢を除いて考える（消去法で考える）

頻出問題

［例題］ 文中の空欄ア～ウに入れるのに最適な語を、A～Cの中から１つずつ選びなさい。ただし、それぞれの語は１回だけ使うものとします。

流言が生まれ、伝達過程で変容していく現象は、「錯誤」や「忘却」といった［ア］な心理の結果ではなく、むしろ［イ］な、創造的な過程と見なすべきではなかろうか。ふだん従順な情報の受け手は、その立場に飽きたとき能動的な送り手に変身するのだ。問題は、そのさいどのように創造力をはたらかせて言説を語るか、である。私たちはなにげない言葉のなかに、意図せざるかたちで［ウ］が表れることを日常よく経験している。同じように、流言の内容には、隠そうとしても隠すことのできない時代や文化や社会、そしてその流言を語る人の人格が表れるように思われる。

（早川洋行『流言の社会学 形式社会学からの接近』青弓社）

A　ポジティブ

B　本音

C　ネガティブ

ア	回答欄	○A	○B	○C
イ	回答欄	○A	○B	○C
ウ	回答欄	○A	○B	○C

解答のコツ

［ア］と［イ］は、それを含む文が**「むしろ」**でつながっていることから、**対照的な内容である**と考えられる。選択肢を確認するとAの「ポジティブ」とCの「ネガティブ」が対照的である。

内容面を見れば、「錯誤」「忘却」というのは、通常はよい意味で使われる言葉ではない。一方、「創造的な」はよい意味で使われる言葉である。

したがって、［ア］はCの「**ネガティブ**」、［イ］はAの「**ポジティブ**」と考えられる。

残ったBの「**本音**」が［ウ］ということになるが、［ウ］の次の文が「同じように」で始まっていることから、見比べてみると「人格が表れる」と同じ内容だと考えられる。内容的にも「本音が表れる」で同じ意味といえるため、［ウ］にはBの「**本音**」が入るのが適切だとわかる。

正解　ア：C　イ：A　ウ：B

適語の補充は、答えがわかりやすいところから選択肢の語を埋めていくと、素早く確実に解答することができます。

言語
練習問題

適語の補充

解答時間 45 秒

文中の空欄ア～ウに入れるのに最適な語を、A～Cの中から1つずつ選びなさい。ただし、それぞれの語は1回だけ使うものとします。

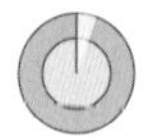

1 あなたは、[ア]勉強したことをすべて覚えているだろうか。もしあなたが現在、学生なら、[イ] 習ったことをどのくらい忘れないでいるだろうか。ある学者の研究によれば、中学校で習う数学は、[ウ] その約三分の二を忘れてしまうという。

（岩原信九郎『記憶力』講談社）

A：一年たてば
B：学校時代に
C：前学期に

ア 回答欄 ○A ○B ○C

イ 回答欄 ○A ○B ○C

ウ 回答欄 ○A ○B ○C

次へ

回答時間

解答・解説

1 人間の記憶の忘却についての文章。各空欄にどの選択肢もあてはまるように見える。このようなときは、消去法を用いつつわかりやすいところから回答を導いていく。

最も回答を導きやすいのは［ウ］だ。［ウ］が含まれる文は「中学校で習う数学」を忘れてしまうという意味。Bの「学校時代に」はより広い概念で、小学校時代とすれば「中学校で習う」という表現と合わない。Cの「前学期に」もその学期に限定して忘れてしまうということになり、おかしな文になってしまう。また、文脈から時間の経過を表す言葉が適切であると考えられる。よって、［ウ］はAの**「一年たてば」**が正解となる。

次に、残る［ア］と［イ］に、BかCをあてはめることになる。BとCは時期を表す言葉なので、［ア］と［イ］にはいずれかの時期をあてはめることになる。

［ア］にCを入れるとどのような「前学期」なのかわからない文になってしまう。よって、［ア］にはBの**「学校時代に」**が入る。［イ］にはCが入ることになるが、念のため残りのBを入れて確認してみると現在より先の「学校時代に」習うことも含まれてしまうため、おかしな文になってしまう。

正解 ア：B　イ：C　ウ：A

適文の補充

頻出問題と解答のコツ

適文の補充は、空欄に選択肢からふさわしい文を選んで挿入する問題です。前後の文章とのつながりをよく考えながら、消去法で選択肢を絞って解答しましょう。

★ 適文の補充を解くポイント

① 前後の関係をとらえる
② 消去法で選択肢を絞る
③ 文章全体の整合性を確認する

頻出問題

［例題］ 文中の空欄に入れる語句として最適なものを、A～Dの中から1つ選びなさい。

戦後の科学技術の成果で爆発的な人気を呼び、またたく間に全国的にその需要が拡大しただしとしての調味料が化学合成だしであった。そして、当時はその原料であるグルタミン酸は頭を良くする効能もあるなどと宣伝された。そして、人々はホウレン草のおひたしなどに大量にふりかけて食べ、グルタミンの味になじんでしまったのであった。

これが、大量の摂取は発ガン性があって多量の摂取はよくないという風潮が生まれたことと、無農薬や有機栽培に対して人々の関心が向いたことから、［　　　　］思われる。ところが、商業的戦略からか、三千年といわれる味の文化を作り上げてきたとされる中国では今や化学調味料が食品小売店の店頭に山積みされて売られており、どうやら日本の中華料理店でもこれを秘伝の一つのように用いているようである。

（田村勇『サバの文化誌』雄山閣）

A　人々はグルタミン酸のあの味から遠のいていったものと
B　化学合成だしの需要がますます増加したと
C　グルタミン酸になつかしさを感じていたと
D　健康を阻害する人が増えたと

回答欄　○A　○B　○C　○D

解答のコツ

本文の前半部分では、化学合成だし（グルタミン酸）が人気であったことが書かれている。その一方で、発ガン性に関する指摘、無農薬や有機栽培といったものへの関心など、グルタミン酸の使用に関してネガティブな話が続いている。

空欄の後の文章を見ると、「ところが」から化学調味料が中国の食品小売店では山積みされて売られているという流れになっているため、空欄まではネガティブな内容が継続していると考えられる。

よって、選択肢から化学合成だし（グルタミン酸、化学調味料）にポジティブな内容である**B**や**C**は除外し、ネガティブな内容である**A**と**D**について考える。

AとDを確認すると、本文の「無農薬や有機栽培に対して人々の関心が向いた」ことが、**D**の「健康を阻害する人が増えた」にはつながらないことがわかる。したがって、残った**A**の「**人々はグルタミン酸のあの味から遠のいていったものと**」が正解。

正解　A

適文の補充は、接続詞に注目したり、前後の文章のつながりを確認したりすると、選択肢を絞ることができます。

適文の補充

解答時間 45 秒

文中の空欄に入れる語句として最適なものを、A～Dの中から１つ選びなさい。

われわれは「死」に向かって歩いてゆくとか、われわれはつねにすでに「死」に直面しているとか、「死」はわれわれを突然襲うとか……こうした言い回しの底には、物体の運動のようなものとして時間を考える残滓がくすぶっている。こうしたマヤカシから抜け出るには「過去はどこへも行かない」ように「　　　　」ことをごまかさずしっかり見据えることが必要なのです。

（中島義道『「時間」を哲学する－過去はどこへ行ったのか』講談社）

1　A　未来はどこへも行かない
　B　未来はどこかへ行く
　C　未来はどこからか来る
　D　未来はどこからも来ない

1　回答欄　○A　○B　○C　○D

次へ

回答時間

解答・解説

1 「時間」というもののとらえ方について述べられた文章。本文は2つの文で構成されている。第1文では「死」についてのある見方が述べられ、第2文ではそのような見方を「マヤカシ」としている。すなわち、第1文にある「死」についての見方に対して、筆者は否定的な考え方をもっていると推測できる。

選択肢から、問題文の空欄の主語は「未来」であることはすぐにわかる。その「未来」だが、第1文での「死」は未来に起こる出来事の1つとして描かれているので、「死」＝「未来」と考えて問題ない。第1文での「『死』に向かって歩いてゆく」、「『死』に直面している」、「『死』はわれわれを突然襲う」という表現には、「時間を考える残滓がくすぶっている」としている。残滓（ざんし）は残りかすという意味。つまり、時間の流れの中で、未来を過去の延長としてとらえる考え方は間違いであるとしている。

選択肢の中でこの意味に最もあてはまるものはDになる。なお、「残滓」は難読熟語だが、「残」という漢字から残っているものという意味を推測することができる。

正解　D

文章の完成

頻出問題と解答のコツ

文章の完成は、複数の選択肢から問題文の前または後ろに入る文章を選択する問題です。ただし、ここ数年は出題が確認できていません。2つの文はどちらも短い文章ですが、前後の関係を意識して解答しましょう。

★ 文章の完成を解くポイント

① 主語・述語の関係が正しいか確認する
② 問題文と選択肢が正しく接続するか確認する
③ 消去法で選択肢を絞ることも必要

頻出問題

［例題］以下の2つの文を完成させるためにA ～ E の中から最もつながりのよいものを１つずつ選びなさい。同じ選択肢を重複して使うことはない。

1 多様なアクターによる情報発信は、混乱をきたすこともあるだろうが、［　　　　　］。

2 私たちのそれぞれが情報の発信能力を身に着けたところで、誤りやデマを生み、［　　　　　］。

A　子供が本を読まないといわれている
B　マスメディア以上の危険をもたらす可能性は否定できない
C　表現への欲求が高まれば高まるほど忘れられている
D　多様性に富んだ活力ある社会の実現には不可欠なものだ
E　それを「他者」に「表現」したかったからである

（富山英彦『メディア・リテラシーの社会史』青弓社）

1 回答欄 ○A ○B ○C ○D ○E

2 回答欄 ○A ○B ○C ○D ○E

解答のコツ

1 問題文は、「混乱をきたすこともあるだろうが」と**逆接で後ろの文章とつながっている**。そのため、「混乱」といったネガティブな内容とは逆の内容が続くと考えられる。その視点で選択肢を確認すると、最もつながりがよいのは選択肢Dの「**多様性に富んだ活力ある社会の実現には不可欠なものだ**」。

また、問題文の「**多様なアクター**」と、選択肢Dの「**多様性に富んだ社会**」の関係からも、正解であると考えられる。

正解 D

2 問題文の「誤りやデマを生み」から想定される内容は、選択肢Bの「**危険**」がふさわしく、前後の**文のつながりも問題ない**。

なお、その他の選択肢も検討すると、問題文の2つの文の前半の内容から、Aは「情報発信」と「子供が本を読まない」のつながりがない。Cは何が「忘れられている」のかが書かれていない。Eは、「～からである」の文から、原因に相当する内容が前半にあると考えられるが、問題文のどちらにも、前半にその内容がないため除外してもよい。

正解 B

文章の完成は、短い文の中で正しい選択肢を判断するので、文章の前半と後半のつながり方を見極めることが重要です。

言語 練習問題

文章の完成

解答時間 90 秒

以下の２つの文を完成させるためにＡ～Ｅの中から最もつながりのよいものを１つずつ選びなさい。同じ選択肢を重複して使うことはない。

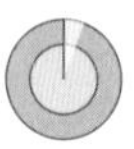

1　親が「おまえが悪い」といって暴力をふるいつづけたなら、［　　　］。

2　子どもにとっては、暴力による体の痛さよりも、［　　　］。

A　どうしようもない私の悪いところを直してくれようとする愛情のあらわれなのだ

B　日ごろの経験から「親は必ず自分のところに帰ってきてくれる」という信頼感が作られている

C　親から見捨てられるのではという不安がもたらす心の痛みのほうがより大きいといえる

D　食事が不十分なため成長にとって必要な栄養をちゃんととれていないことだけではない

E　子どもは親の言葉を信じて「自分は悪い子だ」と思うようになってしまう

（西澤哲『子どものトラウマ』講談社）

1　回答欄　○A　○B　○C　○D　○E

2　回答欄　○A　○B　○C　○D　○E

次へ

回答時間

解答・解説

1 問題文の「……つづけたなら」に注目すると、親が（子どもに）「『おまえが悪い』といって暴力をふるいつづけた」結果が［　　］に入ると予想できる。選択肢のうち最もつながりのよいものはEになる。
Eにある「親の言葉」は問題文の「おまえが悪い」であり、それを受けて子どもが「『自分は悪い子だ』と思うようになってしまう」という流れの文になる。

正解　E

2 問題文の［　　］の直前にある「暴力による体の痛さよりも」に注目すると、問題文の前半に書かれていることと後半に書かれていることを比較した文章であると予想できる。選択肢Cに「……の痛みのほうがより大きい」とあるので、文のつながりとして最も適切なものはCになる。
問題文にある（親による）「暴力による体の痛さ」と、Cにある「親から見捨てられるのではという不安がもたらす心の痛み」を比較し、子どもにとって後者のほうが大きいという趣旨の文になる。

正解　C

長文

頻出問題と解答のコツ

長文の問題は、空欄補充や適文補充、内容に関する問いなどがあります。素早く問題文を読んで主旨をつかむことが重要です。

★ 長文を解くポイント

① まずは内容の理解に努める
② 内容に関する問題は本文中から探す

頻出問題

［**例題**］**以下の文章を読んで問いに答えなさい。**

所与を所識化することができる能力を受信リテラシーと名づけることにしよう。受信リテラシーが高いということは、所与に対して主体的な把握ができるということである。こうした受信リテラシーは、所与＝情報が大量に存在する高度情報化社会に生きる個人にますます求められているように思われる。【a】なぜなら受信リテラシーが高い人間は、多様な情報のなかで適当な情報を選択することができるし、画一的な情報に対しては懐疑することができる。【b】受信リテラシーは、外界から一方的にやってくる情報に惑わされない主体の能力である。【c】高度情報化社会は、情報が ＿＿＿＿ する社会である。【d】そのなかで生き抜いていくためには、これまで以上の受信リテラシーが必要である。

（早川洋行『流言の社会学 形式社会学からの接近』青弓社）

1 次の一文を挿入するのに最も適切な場所は、文中の【a】～【d】のうちどこか。

逆に受信リテラシーが低い人間は、多様な情報の前でとまどい、画一の情報に対しては説得されるにちがいないからだ。

A 【a】　B 【b】　C 【c】　D 【d】

※誌面のスペースの関係で「回答欄」は割愛しています。

2 文中の[　　　　]に入れるべき言葉として、適切なものは次のうちどれか。

A　強要　　B　枯渇　　C　氾濫　　D　収束

3 文中で述べられていることから判断して、次のア、イの正誤を答えなさい。

ア　高度情報化社会では情報を主体的に判断することが必要だ
イ　画一的な情報は排除する必要がある

A　アもイも正しい　　　　　B　アは正しいがイは誤り
C　アは誤りだがイは正しい　　D　アもイも誤り

解答のコツ

1 　挿入する文の文頭に「**逆に……**」とあるので、**直前で反対の立場の内容が述べられている**ことがわかる。「受信リテラシーが低い」の反対は「受信リテラシーが高い」となるので、「受信リテラシーが高い人間は……」の文の直後の【b】に挿入すると考えられる。したがって、Bが正解。

正解　B

2 　問題文の前半に「所与＝情報が大量に存在する高度情報化社会」と書かれており、それを言い換えた表現と考えられる。「大量に存在する」に相当する選択肢は、Cの「**氾濫**」以外にない。したがって、Cが正解。

正解　C

3 　問題文の最後に「これまで以上の受信リテラシーが必要である」と書かれており、「受信リテラシー」は、「所与＝情報に対して主体的な把握ができる能力」のことを意味している。よって「情報を主体的に判断することが必要」であるという内容と一致する。したがって、アは**正しい**。

　また問題文に、受信リテラシーが高い人は画一的な情報に対して懐疑することができる、という内容があるが、あくまでも正しいかどうかの疑問を持てるという意味であるので、排除する必要があるとは述べていない。したがって、イは**誤り**といえる。

正解　B

言語
練習問題

長文

解答時間 180 秒

以下の文章を読んで問いに答えなさい。

ハーバード大学教授のテリー・バーナムは、宝くじがあたった人たちの1年後の精神的幸せ度を調査した。その結果、宝くじがあたっても、1年後にはごく普通のレベルに落ちついてしまったという。【a】最初は有頂天になるものの、しばらくすると不安や心配を感じるようになり、1年後には宝くじがあたるまえのごく普通のレベルまで落ちるのだという。【b】

つまり、外的条件がよい方にかわっても悪い方にかわっても、多くの人は次第にそれに慣れてしまう、ということなのである。もっともっとと収入をあげても、あがった収入に人はすぐ慣れてしまうし、どんなに業績をあげてもすぐ不満が生まれるものなのである。【c】

それだけあったらもう必要ないだろうと思うのに、金持ちほどケチになりお金をためこむのも、美人ほど美的条件に厳しくなるのも、ダイエットをはじめるともっともっと激しく食事制限をして体重をへらすのも、つまりは「現状にすぐ慣れる」という心のメカニズムによるものなのである。【d】

（海原純子『こころの格差社会―ぬけがけと嫉妬の現代日本人』KADOKAWA）

1 次の一文を挿入するのに最も適切な場所は、文中の【a】～【d】のうちどこか。

しかし一方、人生が激変するような不幸な出来事にあった場合でも、その直後は極度に落ちこむものの、1年後には幸福度レベルはかなり回復することがほとんどだという。

A 【a】
B 【b】
C 【c】
D 【d】

1 回答欄 ○A ○B ○C ○D

2 文中下線の部分「現状にすぐ慣れる」ことを示す具体例は、次のうちどれか。

A 宝くじがあたって有頂天になる
B 収入があがっても満足できない
C 金持ちになると寛容になる
D ダイエットをすると健康になる

2 回答欄 ○A ○B ○C ○D

次へ

回答時間

解答・解説

1 挿入する文は不幸な出来事にあった場合でも幸福度レベルは回復し得ることが述べられている。冒頭の「しかし一方」に着目すると、この文の内容と対比する内容が前文には書かれていると予想できる。そうすると、挿入文の前文には不幸な出来事ではなく、幸福な出来事についての説明が適合する。第1段落と第2段落の内容を見ると、第1段落では宝くじにあたるという幸福な出来事があっても精神的幸せ度はやがて普通のレベルに戻ることが述べられている。また、第2段落の第1文で「外的条件がよい方にかわっても悪い方にかわっても、多くの人は次第にそれに慣れてしまう」と結論付けられている。よって、**【b】**に挿入するのが適切である。

正解 B

2 本文は第2段落にあるように「外的条件がよい方にかわっても悪い方にかわっても、多くの人は次第にそれに慣れてしまう」ことが述べられており、下線の部分はそのことを表している。
第1段落の第3文に、宝くじにあたっても「最初は有頂天になるものの……1年後には宝くじがあたるまえのごく普通のレベルまで落ちる」とあり、**Aは下線の部分の具体例とならない。**
第2段落の第2文に「もっともっとと収入をあげても、あがった収入に人はすぐ慣れてしまう……」とある。よって、**Bは下線の部分の具体例となる。**
第3段落に「……金持ちほどケチになりお金をためこむ……」とあり、**Cは下線の部分の具体例とならない。**
第3段落にダイエットについての記述があるが、Dの内容とは関係なく、また、ダイエットをすれば健康になることが現状に慣れることではない。よって、**Dの内容は下線の部分の具体例とならない。**
以上より、正解はBである。

正解 B

4章

【3日で対策　3日目】
実力模試にチャレンジ

CONTENTS

※本書の能力検査の問題数は、誌面の都合上、実際の能力検査とは異なります。また、WEBテスティングには問題に対する制限時間があり、一定の時間が経過すると次の問題に進むことになります。記載してある解答時間はあくまで目安ですので、できるだけ短時間で解答することを心がけましょう。

能力検査①

解答 別冊 P.2 解答時間 75 秒

以下の５つの熟語の成り立ち方として、適したものをA～Dの中から１つずつ選びなさい。

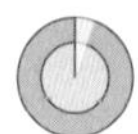

1 優秀

2 民営

3 脳波

4 地震

5 空虚

A　似た意味をもつ漢字を重ねる
B　前の漢字が後の漢字を修飾する
C　主語と述語の関係にある
D　A～Cのどれにもあてはまらない

1 回答欄 ○A ○B ○C ○D

2 回答欄 ○A ○B ○C ○D

3 回答欄 ○A ○B ○C ○D

4 回答欄 ○A ○B ○C ○D

5 回答欄 ○A ○B ○C ○D

次へ

回答時間

解答 別冊 P.2 ～ 3　解答時間 75 秒

以下の5つの熟語の成り立ち方として、適したものをA～Dの中から1つずつ選びなさい。

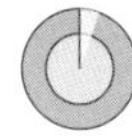

6 着陸

7 退職

8 有無

9 表面

10 豊富

A　反対の意味をもつ漢字を重ねる
B　動詞の後に目的語をおく
C　前の漢字が後の漢字を修飾する
D　A～Cのどれにもあてはまらない

6 回答欄　○A　○B　○C　○D

7 回答欄　○A　○B　○C　○D

8 回答欄　○A　○B　○C　○D

9 回答欄　○A　○B　○C　○D

10 回答欄　○A　○B　○C　○D

次へ

回答時間

解答 別冊 P.3～4　解答時間 60 秒

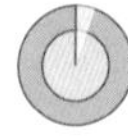

以下の３つの文を完成させるためにA～Eの中から最もつながりのよいものを１つずつ選びなさい。ただし、同じ選択肢を重複して使うことはありません。

11 利用者同士なら無料で可能な通話はもちろんだが、[　　　]。

12 いったん友人と判断され、互いにつながれば、[　　　]。

13 既存の電話会社と異なり、無料通話アプリを提供するのに必要なのは、[　　　]。

(『日経ビジネス　2012年12月3日号』日経BP)

A　後は様々なツールを用いてコミュニケーションできる
B　こうした新たな脅威が理由だ
C　携帯のキラーアプリだった電子メールにも影響を与える
D　極論すればソフトとサーバーだけ
E　電話番号を変更せずに携帯電話事業者を移行できるというもの

11 回答欄　○A　○B　○C　○D　○E

12 回答欄　○A　○B　○C　○D　○E

13 回答欄　○A　○B　○C　○D　○E

次へ

回答時間

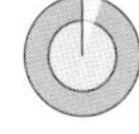

以下の3つの文を完成させるためにA～Eの中から最もつながりのよいものを1つずつ選びなさい。ただし、同じ選択肢を重複して使うことはありません。

14 以前のようにツアー客がバスを横付けする姿は見えなくなったが、[　　　　]。

15 ツアー代金だけでは利益が出ない旅行会社にとって、[　　　　]。

16 中国団体観光客への依存は政治的要因で「客が消える」リスクが大きいのみならず、[　　　　]。

(『日経ビジネス　2012年12月3日号』日経BP)

A　個人や少人数グループの客足は絶えない
B　ほかの国からの集客のチャンスを見逃すことにもなる
C　利益の一部を旅行会社側にキックバックする
D　日本にとっても、さらに中国の旅行客にとっても、プラスになる
E　稼ぎどころの1つは土産物屋や免税店からのバックマージンだ

14 回答欄 ○A ○B ○C ○D ○E

15 回答欄 ○A ○B ○C ○D ○E

16 回答欄 ○A ○B ○C ○D ○E

次へ

回答時間

解答 別冊 P.4～5　解答時間 45 秒

文中のア～エの空欄にA～Dの語句を入れて文を完成させるとき、最も適切な組み合わせを答えなさい。

17 そのど真剣な［ア］［イ］［ウ］［エ］することはできません。

（稲盛和夫『生き方』サンマーク出版）

A　正しい考え方をしようとも
B　いかに能力に恵まれ
C　熱意がなければ
D　人生を実り多きものに

17 回答欄

ア	○A	○B	○C	○D
イ	○A	○B	○C	○D
ウ	○A	○B	○C	○D
エ	○A	○B	○C	○D

次へ

回答時間

解答 別冊 P.5　解答時間 45 秒

文中のア～エの空欄にA～Dの語句を入れて文を完成させるとき、最も適切な組み合わせを答えなさい。

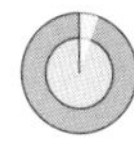

18 仕事において、[ア] [イ] [ウ] [エ] ついてきます。

（前田佳子『伝説コンシェルジュが明かすプレミアムなおもてなし』ダイヤモンド社）

A　スキルは自然と
B　悩む人がいますが
C　マインドが高ければ
D　スキル不足で

18 回答欄

ア	○A	○B	○C	○D
イ	○A	○B	○C	○D
ウ	○A	○B	○C	○D
エ	○A	○B	○C	○D

次へ

回答時間

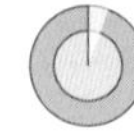

文中の空欄ア〜ウに入れるのに最適な語を、A〜Cの中から1つずつ選びなさい。ただし、それぞれの語は1回だけ使うものとします。

19 （アジアの開発途上の国などにみられる）インフォーマル・セクターで働く人々はできるならば、工場、事務所、商店などの［ア］安定した職業分野（フォーマル・セクター）で仕事がないかと［イ］探し求めている。しかし、そうした機会は［ウ］空きができたとしても、ほとんど縁故者その他で埋められてしまい、割り込む隙もない。

（桑原靖夫『国境を越える労働者』岩波書店）

A　仮りに
B　絶えず
C　相対的に

19 回答欄

ア	○A	○B	○C
イ	○A	○B	○C
ウ	○A	○B	○C

次へ

回答時間

解答 別冊 P.6～7 解答時間 50 秒

以下の文を読んで問いに答えなさい。

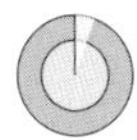

そもそも企業はなぜ複数の事業を持つのであろうか。大きく分けて２つの理由が存在する。【a】１つは、関連事業をはじめとして［　　　　］し、事業領域を拡大することにより成長の機会を得るためである。もう１つは、事業環境の変化によるリスクを分散するためである。【b】

事業範囲が拡大するにつれ、企業は個別事業戦略だけでなく、新たに参入すべき事業の選択や事業間の資源配分、事業を全体としてうまく運営していくための全社戦略を重視せざるをえなくなってくる。

全社戦略の要である事業ポートフォリオを考える際は、３つの要素を勘案するのが効果的とされている。第１は事業の魅力度をどう評価するかという点である。第２は、自社がその事業で競争上の優位性を構築する可能性の評価である。【c】第３は、事業間のシナジーの問題である。すなわち、自社の他の事業との相乗効果がどれだけ期待できるかの評価である。【d】

（グロービス経営大学院『MBA マネジメント・ブック』ダイヤモンド社）

20 次の一文を挿入するのに最も適切な場所は、文中の【a】～【d】のうちどこか。

この２つを合せて平たく言うと、儲かるのか、勝ち目はあるのかということである。

A 【a】
B 【b】
C 【c】
D 【d】

20 回答欄 ○A ○B ○C ○D

21 文中の空所［　　　　］に入るべき言葉として、適切なものは次のうちどれか。

A　細分化
B　多角化
C　国有化
D　単一化

21 回答欄　○A　○B　○C　○D

22 文中下線の部分3つの要素について、次のア、イの正誤を答えなさい。

ア　競合他社より自社事業が優位となることができるか判断する。
イ　事業毎の独立性がリスク軽減につながる。

A　アもイも正しい
B　アは正しいがイは誤り
C　アは誤りだがイは正しい
D　アもイも誤り

22 回答欄　○A　○B　○C　○D

次へ

回答時間

文中の空欄に入れる語句として最適なものを、A～D の中から1つ選びなさい。

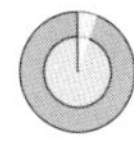

幕府が釘をさしているのは、政治的なデモンストレーションである上洛の員数は法令通りにすることと、公の役は石高に応じて負担するという二点である。参勤の人数については、幕府も［　　　］。

（山本博文『参勤交代』講談社）

23
A　あまり要求する必要はなかった
B　さらに厳しく制限しなければならなかった
C　法令を順守することはなかった
D　細部にわたり規定しようとした

23 回答欄 ○A ○B ○C ○D

次へ

回答時間

解答 別冊 P.7～8　解答時間 45 秒

文中の空欄に入れる語句として最適なものを、A～Dの中から1つ選びなさい。

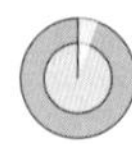

以前から合併、買収が頻繁に行われていたアメリカでは、企業と従業員、また従業員同士のコミュニケーションを向上させることが重要視されてきました。これが上手くいけば企業の活性化につながりますし、逆に上手くいかないと、［　　　　］、不祥事の発端にもなりかねません。

（矢島尚『好かれる方法—戦略的 PR の発想』新潮社）

24
A　企業の財務状況がさらに悪化する事態を招き
B　単に働きづらいというような問題が起きるだけでなく
C　これまでに築かれてきた顧客との信頼関係を失い
D　競争相手である他社を利することになるうえに

24　回答欄　○A　○B　○C　○D

次へ

回答時間

空欄にあてはまる数値を求めなさい。

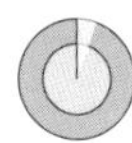

25 朝の清掃作業に集まった人のうち男性の割合は36%だった。また、集まった女性のうち大学生の割合は25%だった。このとき、集まった人数のうち、大学生の女性の割合は［　　］%である（必要な時は、最後に小数点以下第1位を四捨五入すること）。

25 回答欄［　　］

26 あるファストフード店では、バーガー類などにポテトセット250円かサラダセット320円を付けることができる。チキンバーガー［　　］円にポテトセットを付けた価格は、サラダセットを付けた価格の7/8になる。

26 回答欄［　　］

27 A：B：C＝5：12：22であり、A＋B＋C＝273のとき、Bは［　　］である。

27 回答欄［　　］

次へ

回答時間

空欄にあてはまる数値を求めなさい。

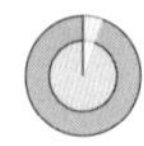

28 A、B、C、D、Eの5人が1～5のカードを引いて順番を決めた。このとき、5人の順番について以下のことがわかっている。

ア　BはAの直前の順番であり、Dよりも後である

イ　CはAより前であり、Aは最後ではない

このとき、Bは［　　］番目である。

28 回答欄［　　］

29 1から9までの数字が1つずつ書かれた9枚のカードをよく切って、P、Q、Rの3人に3枚ずつ配った。配られたカードについて、以下のことがわかっている。

ア　Pのカードの数字の積は36

イ　Qのカードの数字の積は315

このとき、Rのカードの数字のうち最も大きい数字は［　　］である。

29 回答欄［　　］

30 サイコロを3回振った。出た目について、以下のことがわかっている。

ア　出た目の和は11だった

イ　最大の目と最小の目の差は3だった

このとき、出た目の積は［　　］である。

30 回答欄［　　］

次へ

回答時間

空欄にあてはまる数値を求めなさい。

31 ある電車がＰ駅からＱ駅を通過してＲ駅まで走行した。PQ 駅間は平均時速 78km/ 時で 12 分、QR 駅間は平均時速 66km/ 時で６分かかったとすると、PR 駅間の平均時速は［　　　］km/ 時である（必要なときは、最後に小数点以下第１位を四捨五入すること）。

31 回答欄

32 ある工場で検品作業を行っている。Ｐが１人で行うと８時間、Ｑが１人で行うと 10 時間かかる。
この作業をＰが２時間行った後、Ｑが３時間行った。残りをＰが１人で行うとすると［　　　］時間かかる（必要なときは、最後に小数点以下第２位を四捨五入すること）。

32 回答欄

次へ

回答時間

解答 別冊 P.13　解答時間 60 秒

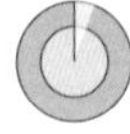

以下について、ア、イの情報のうち、どれがあれば［問い］の答えがわかるかを考え、A～Eの中から正しいものを1つ選び、答えなさい。

33 現在、父の年齢は子どもの年齢のちょうど5倍である。
［問い］父は何歳か。
ア　4年前、父の年齢は子どものちょうど9倍だった
イ　8年後、父の年齢は子どものちょうど3倍になる

A　アだけでわかるが、イだけではわからない
B　イだけでわかるが、アだけではわからない
C　アとイの両方でわかるが、片方だけではわからない
D　アだけでも、イだけでもわかる
E　アとイの両方があってもわからない

33 回答欄　○A　○B　○C　○D　○E

次へ

回答時間

空欄にあてはまる数値を求めなさい。

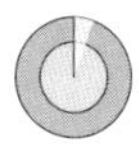

34 ある小学校では学年別のマラソン大会が行われ、優勝者はU・V・W・X・Y・Zであった。優勝者について、以下のことがわかっている。

ア　UはVより３学年下である
イ　WはUより２学年下である
ウ　YはXより２学年上である

このとき、Zは［　　　］年生である。

34 回答欄

次へ

回答時間

空欄にあてはまる数値を求めなさい。

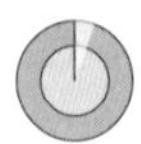

35 3個のサイコロを同時に振る。出た目の積が偶数になる確率は［　　］/［　　］である。約分した分数で答えなさい。

35 回答欄

36 あるイタリア料理店のコースでは前菜3種類の中から1品、パスタ4種類またはピッツァ3種類の中から1品、デザート2種類の中から1品の計3品を選ぶことができる。コースの選び方は［　　］通りである。

36 回答欄

37 1から6までの目をもつ六面体でできたサイコロAと、1から8までの目をもつ八面体のサイコロBがある。それぞれのサイコロの目の出かたはどの目も同じ確率である。これらのサイコロを同時に投げる時、出た目の数の和が11になる確率は［　　］/［　　］である。約分した分数で答えなさい。

37 回答欄

次へ

回答時間

表はある美術館の年間来場者数の5年ごとの推移を利用者区分別にまとめたものである。

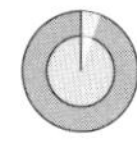

	2013 年	2018 年	2023 年
成人（大学生以上）	76,000 人	83,000 人	87,600 人
中高生	17,000 人	16,500 人	20,400 人
小学生以下	23,500 人	22,000 人	24,800 人

38 2023 年の中高生の来場者数は、2013 年の[　　　]倍である（必要なときは小数点以下第３位を四捨五入すること）。

38 回答欄

39 次のア、イ、ウのうち、正しいものはどれか。A〜Fの中から１つ選びなさい。

ア　2013 年の総来場者数は 2023 年の総来場者数の 80％以下である

イ　2023 年の来場者数のうち 2013 年に対する増加率が最も大きかったのは「中高生」である

ウ　2018 年の総来場者数に占める成人の割合は 70％以上である

A　アだけ　　B　イだけ　　C　ウだけ
D　アとイの両方　　E　アとウの両方
F　イとウの両方

39 回答欄　○A　○B　○C　○D　○E　○F

次へ

回答時間

空欄にあてはまる数値を求めなさい。

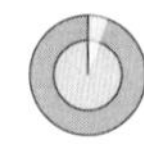

40 200 人の学生に、普段使っている家電量販店についてたずねた。その結果、X 店を利用している学生が 85 人で、そのうち 63 人は Y 店も利用していた。また、そのどちらも利用していない学生は 38 人だった。このとき、Y 店を利用している学生は [　　　] 人である。

40 回答欄

41 ある大学で言語分野、非言語分野の 2 種類の試験を行った。言語分野ができた学生は 258 人、非言語分野ができた学生は 192 人だった。両方できた学生は全体の 1 / 6 で、両方できなかった学生は全体の 1 / 8 だったとき、試験を受けた学生は全体で [　　　] 人である。

41 回答欄

42 180 人を対象に旅行の好みについてアンケートをとった。海外旅行が好きな人は全体の 60％、国内旅行が好きな人は全体の 75％だった。また、海外旅行が好きでない人のうち、50％は国内旅行も好きではなかった。このとき、両方好きな人は [　　　] 人である。

42 回答欄

次へ

回答時間

能力検査②

解答 別冊 P.21　解答時間 75 秒

以下の5つの熟語の成り立ち方として、適したものをA～Dの中から1つずつ選びなさい。

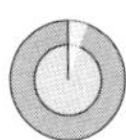

1 執筆

2 遺言

3 親疎

4 尊敬

5 誠意

A 似た意味をもつ漢字を重ねる
B 反対の意味をもつ漢字を重ねる
C 動詞の後に目的語をおく
D A～Cのどれにもあてはまらない

1 回答欄 ○A ○B ○C ○D

2 回答欄 ○A ○B ○C ○D

3 回答欄 ○A ○B ○C ○D

4 回答欄 ○A ○B ○C ○D

5 回答欄 ○A ○B ○C ○D

次へ

回答時間

解答 別冊 P.22 解答時間 75 秒

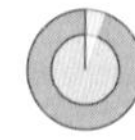

以下の5つの熟語の成り立ち方として、適したものをA～Dの中から1つずつ選びなさい。

6 巧拙

7 偏食

8 消灯

9 包囲

10 禍福

A　似た意味をもつ漢字を重ねる
B　前の漢字が後の漢字を修飾する
C　反対の意味をもつ漢字を重ねる
D　A～Cのどれにもあてはまらない

6 回答欄 ○A ○B ○C ○D

7 回答欄 ○A ○B ○C ○D

8 回答欄 ○A ○B ○C ○D

9 回答欄 ○A ○B ○C ○D

10 回答欄 ○A ○B ○C ○D

次へ

回答時間

以下の３つの文を完成させるためにＡ～Ｅの中から最もつながりのよいものを１つずつ選びなさい。ただし、同じ選択肢を重複して使うことはありません。

11 ［　　　］、無降水日数の頻度も多くの地域で増加すると予測されている。

12 ［　　　］、従来の対策で「安全」「守れる」とされてきたものが通用しなくなる深刻な問題が生じる恐れがある。

13 ［　　　］、これらを受け止める我が国社会の「脆弱性」の変化を考慮する必要がある。

A　既存の想定を上回る豪雨等の高頻度化により
B　受ける被害は外力の強さのみに依存するものではなく
C　強い台風の発生数、台風の最大強度、最大強度時の降水強度は
D　気候変動がもたらす災害の激甚化に備えるための
E　短時間強雨の頻度がすべての地域で増加する一方で

（『平成 28 年版防災白書』内閣府）

11 回答欄　○A　○B　○C　○D　○E

12 回答欄　○A　○B　○C　○D　○E

13 回答欄　○A　○B　○C　○D　○E

次へ

回答時間

文中の空欄ア～ウに入れるのに最適な語を、A～Cの中から１つずつ選びなさい。ただし、それぞれの語は１回だけ使うものとします。

14 最近は、単に人気取りでなく、大企業などの［ア］を受けて、ある具体的目的（利潤追求第一であり住民の環境を悪化させるような内容の再開発事業など）を持って企画される「まちづくり運動」もあるので、［イ］が必要です。このようなケースは別ですが、一般には自治体主導ではじまっても、住民の［ウ］と民主的運営が保証されていれば、住民主体のまちづくり運動に発展することが可能です。

（本多昭一『私たちのまちづくり運動』新日本出版社）

A　参加
B　注意
C　意向

14 回答欄			
ア	○A	○B	○C
イ	○A	○B	○C
ウ	○A	○B	○C

次へ

回答時間

解答 別冊 P.24　解答時間 45 秒

文中の空欄ア～ウに入れるのに最適な語を、A～Cの中から1つずつ選びなさい。ただし、それぞれの語は1回だけ使うものとします。

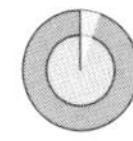

15　敗戦直後の一般庶民の衛生状態は、[ア]、ひどいものだった。風呂にも思うようには入れない。医薬品も不足がち。[イ]、食べるものもろくに食べていないとあって、[ウ]、体の抵抗力が極端に落ちていた。

（深川英雄『キャッチフレーズの戦後史』岩波書店）

A　これもまた
B　当然ながら
C　しかも

15 回答欄

ア	○A	○B	○C
イ	○A	○B	○C
ウ	○A	○B	○C

次へ

回答時間

文中のア～エの空欄にA～Dの語句を入れて文を完成させるとき、最も適切な組み合わせを答えなさい。

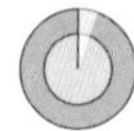

16 世界のどこかで［ア］［イ］［ウ］［エ］高めることはできない。

（『日本経済新聞　2013年1月6日付「社説　国力を高める（4）国際ルール順守だけでなく創出を」』日本経済新聞社）

A　真面目に守るだけでは
B　日本の国力を
C　誰かが決めた規範を
D　国際競争で優位に立ち

16 回答欄

ア	○A	○B	○C	○D
イ	○A	○B	○C	○D
ウ	○A	○B	○C	○D
エ	○A	○B	○C	○D

次へ

回答時間

  解答時間 45 秒

文中のア〜エの空欄にA〜Dの語句を入れて文を完成させるとき、最も適切な組み合わせを答えなさい。

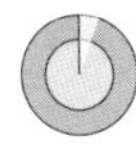

17 貴重な人的資源を［ア］［イ］［ウ］［エ］不可欠だ。

（『日経ビジネス　2012年12月24日・31日年末合併号』日経BP）

A　グローバルに一元管理された
B　適材適所で
C　人事システムが
D　活用するためには

17 回答欄

ア	○A	○B	○C	○D
イ	○A	○B	○C	○D
ウ	○A	○B	○C	○D
エ	○A	○B	○C	○D

次へ

回答時間

文中のア〜エの空欄にA〜Dの語句を入れて文を完成させるとき、最も適切な組み合わせを答えなさい。

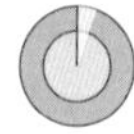

18 入浴後など、温度差がある部屋間の移動では［ア］［イ］［ウ］［エ］命を落とすこともある。

A　めまいやふらつきを起こしたり
B　血管の伸縮が起こり
C　場合によっては心筋梗塞や脳梗塞を起こし
D　それによって血圧が急激に変動すると

18 回答欄

ア	○A	○B	○C	○D
イ	○A	○B	○C	○D
ウ	○A	○B	○C	○D
エ	○A	○B	○C	○D

次へ

回答時間

解答 別冊 P.26～27 解答時間 45 秒

文中の空欄に入れる語句として最適なものを、A～Dの中から1つ選びなさい。

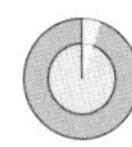

プロスポーツは、勝敗を争うものであり、どちらが勝つのかを予想し、はらはらしながら観戦することに楽しみがある。実力差が大きく最初からどちらが勝つかわかっている試合を見に行く人は少ない。つまり、プロスポーツにおいては対戦相手がいないとスポーツ観戦というサービスを売ることができない。プロスポーツ産業におけるこの単純な事実が、プロスポーツのチームを［　　　　］要因になっている。

（大竹文雄『経済学的思考のセンス』中央公論新社）

19
A　利益最大化が目的の競争企業に分類する
B　慢性的な赤字経営に落とし入れる
C　直ちに勝利至上主義へと導く
D　通常の企業と単純に同一視できない

19 回答欄 ○A ○B ○C ○D

次へ

回答時間

解答 別冊 P.27 解答時間 45 秒

文中の空欄に入れる語句として最適なものを、A～Dの中から１つ選びなさい。

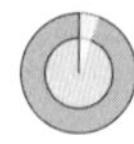

近年流行の「シェア」という言葉は、「情報共有」の進化の新局面をよく捉えている。「貸したい」「借りたい」という情報と、「売りたい」「買いたい」という情報がネット上でうまく共有されれば、消費者同士の貸し借り、売り買いを促進することになる。たとえば使わなくなった子供のおもちゃを遠くにいる必要な誰かに売ったり、余っている部屋や家を空ける一定の間、ホテルの代わりに安く泊まりたいと思っている人に貸したり、［　　　　］。

（三菱総合研究所編『消費のニューノーマル』
※収録：『三菱総研の総合未来読本 Phronesis「フロネシス」06』
丸善プラネット）

20　A　見知らぬ人同士のマッチングが簡単に行える
B　ネット取引が対面取引を凌駕すると予想される
C　インターネットで消費生活すべてが行えるようになった
D　信用力が低いユーザーにも商機が広がっている

20　回答欄　○A　○B　○C　○D

次へ

回答時間

解答 別冊 P.27 〜 28 解答時間 45 秒

文中の空欄に入れる語句として最適なものを、A〜Dの中から1つ選びなさい。

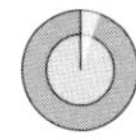

世界の歴史は、ふつう「古代」「中世」「近代」そして「現代」と分けられるのが常識となっている。こうした時代の分け方は、もともとヨーロッパで生まれた学問的モデルであったが、いまではヨーロッパ以外の国や地域の歴史を見る場合にも、このモデルが意識的ないし無意識的に使われているのである。また、それは、［　　　］、人々の意識のなかで、いまさら問い返してみる気を起させないほどに潜在化していることも事実である。

（山本雅男『ヨーロッパ「近代」の終焉』講談社）

21
A　とりわけ学問上のモデルに限定して
B　もはや学問上のモデルとしてではなく
C　学問上のモデルにおいて広く応用され
D　たんなる学問上のモデルに留まらず

21 回答欄 ○A ○B ○C ○D

次へ

回答時間

解答 別冊 P.28～29 解答時間 120 秒

空欄にあてはまる数値を求めなさい。

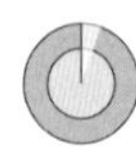

22 現在、2人の子どもの年齢の和は26歳、父の年齢は45歳である。父の年齢が2人の子どもの年齢の和の1.5倍になるのは［　　　］年後である。

22 回答欄 ［　　　］

23 A小学校のグラウンドの1/4はB小学校のグラウンドの2/5である。A小学校とB小学校のグラウンドの大きさを足すと、9,100㎡だった。このとき、A小学校のグラウンドの面積は［　　　］㎡である。

23 回答欄 ［　　　］

次へ

回答時間

空欄にあてはまる数値を求めなさい。

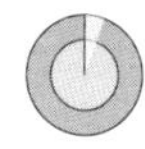

24 P、Q、R、S、T、Uの6人が身長順に低い人から縦１列で並んでいる。6人の並び方について、以下のことがわかっている。

ア　Pの身長はQより高くTとRより低い
イ　Uは一番背が高くRはSより低い

このとき、Pは前から［　　］番目に並んでいる。

24 回答欄

25 １から8の数字がそれぞれ１つだけ書かれた8枚のカードがある。A、B、Cの3人がこの中から2枚ずつ取り出した。取り出したカードについて以下のことがわかっている。

ア　Aの2枚のカードの差は4で、和はBの持つ2枚のうち大きな数と同じである。
イ　Cは7を持っており、Cのもう一方のカードはBの2枚のカードの和より2小さい。

このとき、Cのカードの数字の和は［　　］である。

25 回答欄

次へ

回答時間

解答 別冊 P.31 ～ 32　解答時間 20 秒

空欄にあてはまる文字を回答欄に入力しなさい。

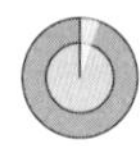

26　4人の男性A、B、C、Dと4人の女性W、X、Y、Zが円卓に等間隔に座っている。AとW、BとX、CとY、DとZはそれぞれ夫婦である。8人の座り方について以下のことがわかっている。

ア　両隣に男性が座っているのはWのみである
イ　BとX、CとYだけが夫婦で真向かいに座っており、BとCは隣り合わない

このとき、Wの真向かいに座っているのは［　　］である。

26 回答欄 ［　　］

27　A、B、Cの3人でアメ玉を分けた。分けた個数について以下のことがわかっている。

ア　3人の個数の積は24である
イ　Aの個数はBの個数より4多い

このとき、Cの個数は［　　］である。

27 回答欄 ［　　］

次へ

回答時間

空欄にあてはまる数値を求めなさい。

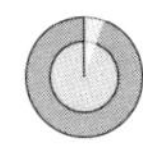

28 書店で A、B、C の 3 冊の本を購入したところ、合計金額が 3,600 円だった。A の値段は B の値段の 1.5 倍、B の値段は C の値段の 0.8 倍であるとすると、B の値段は［　　　］円である。

28 回答欄

29 ある大学のテニスサークルには全部で 80 人の学生が在籍しており、男女比は 5 ： 3 である。また、他大学の学生が 12 人在籍していることがわかっている。
このサークルに在籍する他大学ではない女子学生は少なくとも［　　　］人である。

29 回答欄

30 川の上流に P 地点があり、そこから下流に 2.4km 離れたところに Q 地点がある。この 2 地点を往復する船があり、Q から P へ向かう際にかかる時間は 40 分だった。
川が毎分 60m で流れているとした場合、この船の静水時の速さは分速［　　　］m である。

30 回答欄

次へ

回答時間

解答 別冊 P.34 ～ 35　解答時間 60 秒

以下について、ア、イの情報のうち、どれがあれば［問い］の答えがわかるかを考え、A～Eの中から正しいものを1つ選び、答えなさい。

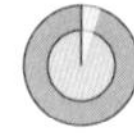

31 A、B、Cの3人で回転寿司に行った。3人の食べた皿の合計が40皿だった。ただし1人1皿は必ず食べるものとする。

［問い］Aは何皿食べたか。

ア　AはBより4皿多かった
イ　Cが食べた量は一番少なかった

A　アだけでわかるが、イだけではわからない
B　イだけでわかるが、アだけではわからない
C　アとイの両方でわかるが、片方だけではわからない
D　アだけでも、イだけでもわかる
E　アとイの両方があってもわからない

31 回答欄　○A　○B　○C　○D　○E

次へ

回答時間

以下について、ア、イの情報のうち、どれがあれば［問い］の答えがわかるかを考え、A〜Eの中から正しいものを１つ選び、答えなさい。

32 ある商品を定価の20%引きで売った。
［問い］商品１個あたりの利益はいくらか。

ア　仕入れ値に４割の利益を見込んで定価をつけた
イ　定価で売ったときに比べて１個あたりの利益が420円減った

A　アだけでわかるが、イだけではわからない
B　イだけでわかるが、アだけではわからない
C　アとイの両方でわかるが、片方だけではわからない
D　アだけでも、イだけでもわかる
E　アとイの両方があってもわからない

32 回答欄　○A　○B　○C　○D　○E

次へ

回答時間

解答 別冊 P.36 ～ 37 解答時間 60 秒

以下について、ア、イの情報のうち、どれがあれば［問い］の答えがわかるかを考え、A～Eの中から正しいものを１つ選び、答えなさい。

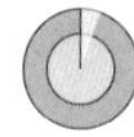

33 W、X、Y、Zの４チームが野球の大会を総当たり方式で行った。ただし試合に引き分けはなかったものとする。
［問い］ Yは何勝何敗か。

ア　２勝１敗が２チームあった
イ　XはWとYに勝った

A　アだけでわかるが、イだけではわからない
B　イだけでわかるが、アだけではわからない
C　アとイの両方でわかるが、片方だけではわからない
D　アだけでも、イだけでもわかる
E　アとイの両方があってもわからない

33 回答欄 ○A ○B ○C ○D ○E

次へ

回答時間

解答 別冊 P.38　解答時間 60 秒

空欄にあてはまる数値を求めなさい。

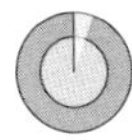

34　学園祭のために実行委員会を立ち上げた。

広報係を３人選ぶ際に、１年生からは５人、２年生からは３人、３年生からは２人が立候補したので、くじ引きで３人を決めることとなった。
このとき、３人とも１年生となる確率は
［　　］／［　　］である。約分した分数で答えなさい。

34　回答欄 ［　　］／［　　］

次へ

回答時間

空欄にあてはまる数値を求めなさい。

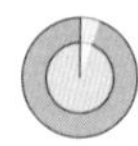

35 箱の中に赤玉４個、青玉３個、黒玉２個が入っている。この箱の中から玉を１個取り出し、色を確認したら箱に戻す。この操作を４回繰り返すとき、４回目に２度目の青玉を取り出す確率は［　　］／［　　］である。

35 回答欄 ［　　］／［　　］

36 数字を組み合わせて２桁の数字を作る。十の位は１、３、５、７の数字のみ、一の位は１、２、３、４、５の数字のみ使えるとすると、十の位と一の位で同じ数字とならない組み合わせは［　　］通りである。

36 回答欄 ［　　］

次へ

回答時間

解答 別冊 P.40 ～ 41 解答時間 150 秒

表は航空輸送に関して年度ごとの旅客数と貨物重量を国内定期、国際の種別に示したものである。

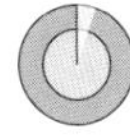

	国内定期		国際	
	旅客数（千人）	貨物重量（万トン）	旅客数（千人）	貨物重量（万トン）
2017 年度	102,119	90.4	22,387	176.3
2018 年度	103,903	82.3	23,396	144.7
2019 年度	101,873	78.1	21,434	145.9

（資料：国土交通省「航空輸送統計調査」）

37 国内定期と国際の合計旅客数に対して国際旅客数の割合が最も大きい年度について、その割合は［　　］%である（必要なときは最後に小数点以下第２位を四捨五入すること）。

37 回答欄

38 次のア、イ、ウのうち正しいものはどれか。A～F の中から１つ選びなさい。

ア　旅客数の減少率が最も大きいのは 2019 年度の国際である。
イ　2017 年度と比べて 2019 年度の国内定期の貨物重量は 14% 以上減少した。
ウ　３年間の国際貨物重量の平均は 153.3 万トンである。

A　アだけ　　B　イだけ　　C　ウだけ
D　アとイの両方　　E　アとウの両方　　F　イとウの両方

38 回答欄　○A　○B　○C　○D　○E　○F

次へ

回答時間

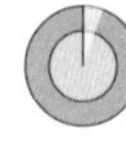

ある遊園地では春休み期間の来場者数を毎年調査している。表はここ３年間の来場者数を分類別に表したものである。

	2021 年	2022 年	2023 年
大人	5,487		6,621
中高生	8,341	8,524	8,831
小学生以下	9,468	9,733	10,378
計	23,296	24,229	25,830

39 2022 年の来場者数合計に占める大人の割合は［　　］% である（必要なときは最後に小数点以下第 1 位を四捨五入すること）。

39 回答欄

40 2021 年の分類別来場者数を基準とした 2023 年の分類別来場者数で増加率が大きい順に「大人」「中高生」「小学生以下」を並べたものはどれか。

A 「小学生以下」「中高生」「大人」
B 「小学生以下」「大人」「中高生」
C 「中高生」「小学生以下」「大人」
D 「中高生」「大人」「小学生以下」
E 「大人」「小学生以下」「中高生」
F 「大人」「中高生」「小学生以下」

40 回答欄 ○A ○B ○C ○D ○E ○F

次へ

回答時間

空欄にあてはまる数値を求めなさい。

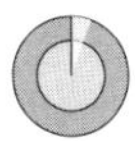

41 ある大学で150人を対象に、ノートパソコンとデスクトップパソコンの所有状況についてアンケートをとった。ノートパソコンを持っている人は98人、デスクトップパソコンを持っている人は74人だった。このとき、両方持っている人は最も少なくて［　　　］人である。

41 回答欄

42 ある学校では課題A、B、Cのうち1つ以上を提出することになっている。生徒全部で120人、課題Aを提出した人は55人、課題Bを提出した人は41人、課題Cを提出した人は68人だった。
課題AとBの両方を提出した人が15人だったとき、課題Cだけ提出した人は［　　　］人である（ただし、A、B、Cすべての課題を提出した人はいないものとする）。

42 回答欄

次へ

回答時間

能力検査③

解答 別冊 P.45 解答時間 75 秒

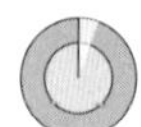

以下の5つの熟語の成り立ち方として、適したものをA～Dの中から1つずつ選びなさい。

1 海溝

2 永遠

3 攻守

4 会合

5 開封

A　似た意味をもつ漢字を重ねる
B　反対の意味をもつ漢字を重ねる
C　動詞の後に目的語をおく
D　A～Cのどれにもあてはまらない

1 回答欄 ○A ○B ○C ○D

2 回答欄 ○A ○B ○C ○D

3 回答欄 ○A ○B ○C ○D

4 回答欄 ○A ○B ○C ○D

5 回答欄 ○A ○B ○C ○D

次へ

回答時間

以下の３つの文を完成させるためにＡ～Ｅの中から最もつながりのよいものを１つずつ選びなさい。ただし、同じ選択肢を重複して使うことはありません。

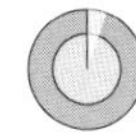

6　[　　　　]、この程度の混雑など、どうでもないことだった。

7　[　　　　]、公共の空間であるという意識が欠けているのであろう。

8　[　　　　]、急いでいる人には迷惑でしかない。

A　都内のラッシュアワーに比べれば
B　電車が公共性を有している事実は
C　ドア付近でとどまっている人の存在は
D　車内ではしゃぎまわったり、大声で会話したりしている人は
E　プライベートを優先する人が増え

6　回答欄　○A　○B　○C　○D　○E

7　回答欄　○A　○B　○C　○D　○E

8　回答欄　○A　○B　○C　○D　○E

次へ

回答時間

解答 別冊 P.46 〜 47 解答時間 60 秒

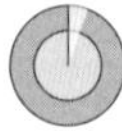

以下の３つの文を完成させるためにＡ〜Ｅの中から最もつながりのよいものを１つずつ選びなさい。ただし、同じ選択肢を重複して使うことはありません。

9 カーボンニュートラルとは、［　　　］。

10 植物の炭素は大気中の二酸化炭素由来であり、［　　　］。

11 トウモロコシなどを原料とするバイオエタノールの需要が急増しており、［　　　］。

A　メタンガスのほうが温室効果が高いという
B　大気中の二酸化炭素濃度上昇を抑えることが重要だ
C　これを燃料とすれば二酸化炭素の総量は増えないという
D　排出される二酸化炭素と吸収される二酸化炭素が同じ量という概念である
E　穀物価格の上昇をまねいている

9 回答欄 ○A ○B ○C ○D ○E

10 回答欄 ○A ○B ○C ○D ○E

11 回答欄 ○A ○B ○C ○D ○E

次へ

回答時間

解答 別冊 P.47　解答時間 45 秒

文中のア～エの空欄にA～Dの語句を入れて文を完成させるとき、最も適切な組み合わせを答えなさい。

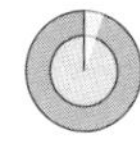

12　たとえ指摘しなかったとしても［ア］［イ］［ウ］［エ］欠けているからだといえる。

A　あなたがそれを感じられなかったのは
B　その場にいた人たちは
C　コミュニケーション能力が
D　何らかの違和感を覚えたはずで

12 回答欄

ア	○A	○B	○C	○D
イ	○A	○B	○C	○D
ウ	○A	○B	○C	○D
エ	○A	○B	○C	○D

次へ

回答時間

解答 別冊 P.48 解答時間 45 秒

文中のア～エの空欄にA～Dの語句を入れて文を完成させるとき、最も適切な組み合わせを答えなさい。

13 震災は広域に広がるため［ア］［イ］［ウ］［エ］原則である。

A　自分たちの身は
B　一時的にどこも当てにできず
C　自分たちで守ることが
D　市役所等官公庁施設は

13 回答欄

ア	○A	○B	○C	○D
イ	○A	○B	○C	○D
ウ	○A	○B	○C	○D
エ	○A	○B	○C	○D

次へ

回答時間

解答 別冊 P.48 解答時間 45 秒

文中のア～エの空欄にA～Dの語句を入れて文を完成させるとき、最も適切な組み合わせを答えなさい。

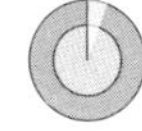

14 医療費は［ア］［イ］［ウ］［エ］かえって増加する傾向にある。

A 人々の寿命が延びることにより
B 抑制されるように
C 思われがちだが
D 健康志向の高まりにより

14 回答欄				
ア	○A	○B	○C	○D
イ	○A	○B	○C	○D
ウ	○A	○B	○C	○D
エ	○A	○B	○C	○D

次へ

回答時間

解答 別冊 P.49 解答時間 60 秒

文中の空欄ア〜ウに入れるのに最適な語を、A〜Cの中から1つずつ選びなさい。ただし、それぞれの語は1回だけ使うものとします。

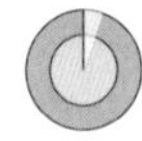

ジグソーパズルを組み上げるのに、絵柄は本質的には必須のものではない。ある種の自閉症の子供は、ジグソーパズルを裏向けたまま、驚くべき速度で組み立てることができるという。あるいは、無地のジグソーパズルというものが現に存在するし、硬質のクリスタルガラスで作られた透明なジグソーパズルもある。絵のない、かたちだけのジグソーが描く曲線群はアーティスティックですらある。

たとえ絵柄がなくともピースはそれぞれまったく独自のかたちをしているので、そのまわりを取り囲みうるピースもまた［ア］に決定される。あるピースを選び、そのピースと結合しうるピースをすべてのピース群から［イ］に探し出すことを行えば、そしてこれを繰り返していけば、ジグソーパズルのネットワークは必然的に構成されていくことになる。

つまり全体の絵柄を想定しながらパズルを組み立てるという［ウ］な視点、いうなれば「神の視座」はジグソーパズルの外部にこそあれ、その内部に存在する必要はまったくない。パズルのピースは全体をまったく知らなくとも、全体の中における自分の位置を定めることができるのである。

（福岡伸一『生物と無生物のあいだ』講談社）

15 A　総当たり的
B　一義的
C　鳥瞰的

15 回答欄

ア	○A	○B	○C
イ	○A	○B	○C
ウ	○A	○B	○C

次へ

回答時間

解答 別冊 P.49 解答時間 60 秒

文中の空欄ア～ウに入れるのに最適な語を、A～Cの中から１つずつ選びなさい。ただし、それぞれの語は１回だけ使うものとします。

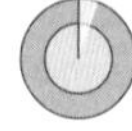

16 交通とは、人又はモノが空間を移動することである。人は、人の交流を通じて、また、モノの交易を通じて、文化を構成する知恵や技術等を豊かにすることで、人類の［ア］に寄与してきた。この意味において、人にとって交通は、単なる移動手段にとどまらず、人が文化的に、また、創造的に生きていく活力の源泉と言える。人又はモノが移動するに当たり、現在は歩く以外にも様々な手段を選ぶことができる。今となっては当たり前と思われる交通手段であるが、当時の人々にとっては、より［イ］性や利便性を高めようと技術開発をし、あるいは他分野で開発された技術を応用することにより、新たな交通手段を創出し、それに対応したインフラを整備し、［ウ］する産業を発展させ、暮らしや社会経済に大きな影響を与えてきた。

（「平成28年度国土交通白書」国土交通省）

A　関連
B　繁栄
C　効率

16 回答欄

ア	○A	○B	○C
イ	○A	○B	○C
ウ	○A	○B	○C

次へ

回答時間

以下の文を読んで問いに答えなさい。

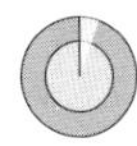

室内の移動において足を強く踏みしめて歩くと家が傷むし、無作法とされた。【a】足を滑らせるように歩くのが作法に適っていたのも、住居の構造によるところが大きい。ところで日本古来の相撲、剣道の基本動作はすり足という足の運びであり、地面を摺るように動く。また「ナンバ走り」という、日本古来の走法がある。これは手足の動きが左右同時で、忍者走りともいわれ、江戸時代の長距離の飛脚に向いていた。さらに能や狂言の動作も摺り足、日本舞踊も同様である。【b】逆に飛び跳ねることを「軽はずみ」と称して、不安定さや［　　　　］とみなした。【c】

ところがヨーロッパのダンス、フィギュアスケート、体操競技の回転運動、走り高跳び、棒高跳びでは、地面から離れた回転や跳躍運動が動作の中心となる。またふだん歩く際にも、足を上下に動かして、踏みしめるような動作をみせるが、それは階段を上下する運動から生まれたものに他ならなかった。たとえば軍隊やかつてのナチスの行進における足を上げる独特の歩行は、上下を意識し、エネルギッシュで躍動的な印象を与える。【d】このように生活文化の差が多方面の行動をも規定していたことがわかる。

（浜本隆志『「窓」の思想史 日本とヨーロッパの建築表象論』筑摩書房）

17 次の一文を挿入するのに最も適切な場所は、文中の【a】～【d】のうちどこか。

これらはもともと農耕文化における動作に由来すると想定でき、日本文化の水平を旨としていた本質がここにある。

A【a】　B【b】　C【c】　D【d】

17 回答欄　○A　○B　○C　○D

18 文中の空所［　　　］に入るべき言葉として、適切なものは次のうちどれか。

A　力強さ
B　快活
C　躍動的
D　軽薄

18　回答欄　○A　○B　○C　○D

19 文中で述べられていることから判断して、次のア、イの正誤を答えなさい。

ア　相撲や剣道のすり足は、建物が傷むのを防ぐためである
イ　軍隊の独特な歩き方は意図的に行われている

A　アもイも正しい
B　アは正しいがイは誤り
C　アは誤りだがイは正しい
D　アもイも誤り

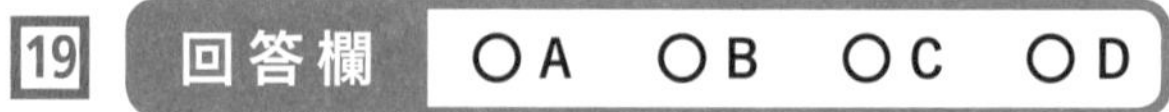

次へ

回答時間

解答 別冊 P.50 解答時間 45 秒

文中の空欄に入れる語句として最適なものを、A～Dの中から1つ選びなさい。

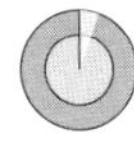

　一部の国においてグローバル化に対する不安・不満の高まりを背景に保護主義的な措置を講じようとする動きも散見されるが、仮に保護主義的な措置として関税の引き上げを行う場合、輸入物価の上昇を招き、低所得者層に最も被害が生じる可能性が高く、むしろ［　　　］。

　更には、国内のインフレ率上昇による金利引き上げ、通貨高による輸出減速等により経済に悪影響を及ぼす可能性がある。また、貿易相手国が報復措置を発動すれば、悪影響は更に拡大する。最悪の場合、保護主義がさらなる保護主義を呼び、誰にもとめられなくなる可能性も指摘されている。保護主義の連鎖を止めることがいかに難しいかは、第一次大戦後のブロック経済の歴史を改めて振り返る必要があろう。

（「通商白書 2017」経済産業省）

20 A　格差を更に拡大してしまう恐れがある
B　景気には好影響といえる
C　人々の不安は解消していくだろう
D　輸入業者には困難な時代となる

20 回答欄 ○A ○B ○C ○D

次へ

回答時間

文中の空欄に入れる語句として最適なものを、A～Dの中から1つ選びなさい。

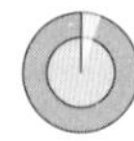

商品や提供するサービスの単価を決める時には、その原価に利益や経費などを上乗せして積み上げながら提供、販売価格を決定する方法や、市場調査の結果を踏まえて現行の市場価格に対応して単価を決定する方法などがあります。ほとんどの場合、決定した価格帯によって市場での競争力が決まることが多いので、事前の市場調査が非常に重要になります。通常、似通ったサービスや商品は提供者側が現行の市場価格に自社の価格を一致させようとするため、競争が激しくなる傾向があります。

したがって［　　　　］はある程度市場によって決められているとも言えます。なるべく多くの人に価格についての感想を聞き、必要な利益は確保しながら、需要が見込める価格を決定することが重要です。

（大門則亮『すぐに役立つ 初めての人のための社会起業の仕組みと NPO 運営ガイド』三修社）

21
- A　市場調査の重要性
- B　新サービスや新商品の市場シェア
- C　すでに存在するサービスや商品の販売価格
- D　その事業の社会的意義

21 回答欄 ○A ○B ○C ○D

次へ

回答時間

空欄にあてはまる数値を求めなさい。

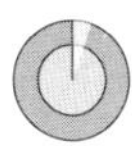

22 マラソン大会に参加した人のうち45%が男性で、そのうち30%が60 歳以上だった。このマラソン大会の参加者が1,200 人だったとすると、男性で60 歳以上の参加者は［　　］人である。

22 回答欄

23 昨年S 社の社員数は300 人だった。今年は外国籍の社員が40%増え、日本人の社員が10%減ったので、全体で 5 人増えた。今年のS 社の外国籍の社員数は［　　］人である。

23 回答欄

次へ

回答時間

解答 別冊 P.52 ～ 53 解答時間 20 秒

空欄にあてはまる数値を求めなさい。

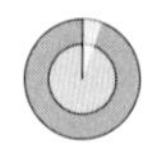

24 講演会会場に長いすがいくつかある。この長いすに5人ずつ座ると8人が座れなくなり、6人ずつ座ると最後の長いすには4人が座り、2つ長いすが余った。このとき、講演会に出席した人は[　　　]人である。

24 回答欄 [　　　]

25 A、B、C の 3 人がサイコロを 1 回ずつ振った。出た目について次のことがわかっている。

ア　A とB の目の和はC の 3 倍だった
イ　数が大きい順にA、B、C だった

このとき、B の数値は[　　　]である。

25 回答欄 [　　　]

次へ

回答時間

空欄にあてはまる数値を求めなさい。

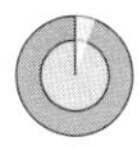

26 A、B、C、D の 4 人が先週と今週の小テストの結果を確認している。4 人の順位について以下のことがわかっている。なお、2 週とも同じ得点の人はいなかった。

ア　先週A は2位で、今週は1位だった
イ　C とD はそれぞれ先週より1つ順位を下げた

このとき、先週のB の順位は[　　　]位である。

26 回答欄

次へ

回答時間

解答 別冊 P.54　解答時間 120 秒

空欄にあてはまる数値を求めなさい。

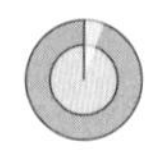

27 ある飲食店では来店するごとにスタンプカードにスタンプを押してくれ、1～3月の3カ月間で31個のスタンプがたまっていた。月ごとの来店数について以下のことがわかっている。

ア　1月は2月より来店数が5回多かった
イ　3月の来店数は1月より少なく、2月より多かった

このとき、2月の来店数は［　　　］回である。

27　回答欄［　　　］

28 6で割ると3余り、9で割ると6余る数のうち最も小さい整数は［　　　］である。

28　回答欄［　　　］

次へ

回答時間

空欄にあてはまる数値を求めなさい。

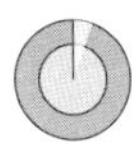

29　全長160m で時速72kmの電車と全長200 mで時速90kmの電車がすれ違った。この２つの電車がすれ違うのに［　　　］秒かかる。

29　回答欄

30　ある商品を定価の30％引きで売ると、定価の15％引きで売るときに比べて、利益が570 円少なくなる。この商品の定価は［　　　］円である。

30　回答欄

次へ

回答時間

以下について、ア、イの情報のうち、どれがあれば［問い］の答えがわかるかを考え、A～E の中から正しいものを１つ選び、答えなさい。

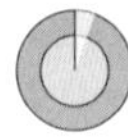

31 ２つの整数X、Yがある。
［問い］ X、Yはそれぞれいくつか。

ア　3Y－X＝0
イ　X／Y＝3

A　アだけでわかるが、イだけではわからない
B　イだけでわかるが、アだけではわからない
C　アとイの両方でわかるが、片方だけではわからない
D　アだけでも、イだけでもわかる
E　アとイの両方があってもわからない

31 回答欄 ○A ○B ○C ○D ○E

次へ

回答時間

 解答時間 60 秒

以下について、ア、イの情報のうち、どれがあれば［問い］の答えがわかるかを考え、A～E の中から正しいものを１つ選び、答えなさい。

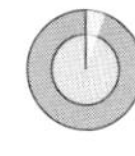

32 350 円のケーキと450 円のケーキを合わせて12 個買った。
［問い］合計金額はいくらか。

ア　350 円のケーキの合計金額は1,600 円以上である
イ　350 円のケーキより450 円のケーキを多く買った

A　アだけでわかるが、イだけではわからない
B　イだけでわかるが、アだけではわからない
C　アとイの両方でわかるが、片方だけではわからない
D　アだけでも、イだけでもわかる
E　アとイの両方があってもわからない

32 回答欄 ○A ○B ○C ○D ○E

次へ

回答時間

解答 別冊 P.57 ～ 58 解答時間 60 秒

以下について、ア、イの情報のうち、どれがあれば［問い］の答えがわかるかを考え、A～E の中から正しいものを 1 つ選び、答えなさい。

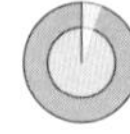

33 P、Q、R の 3 人の販売員の売上成績を比較した。
[問い]最も売上がよかったのは誰か。

ア　P はQ の売上の4/5 だった
イ　P とR の売上を合わせると 3 人合計の2/3 だった

A　アだけでわかるが、イだけではわからない
B　イだけでわかるが、アだけではわからない
C　アとイの両方でわかるが、片方だけではわからない
D　アだけでも、イだけでもわかる
E　アとイの両方があってもわからない

33 回答欄　○A　○B　○C　○D　○E

次へ

回答時間

空欄にあてはまる数値を求めなさい。

34　100円硬貨を5回投げて裏が4回以上出るような表裏の出方は［　　］通りである。

34　回答欄

35　P、Q、R、S、T、Uの6人が横一列に並ぶ。RとSが隣り合う並び方は［　　］通りである。

35　回答欄

36　赤玉4個と白玉3個が入った箱がある。1個ずつ箱から取り出して並べていくとき、3番目と5番目と7番目が白玉である確率は［　　］/［　　］である。約分した分数で答えなさい。

36　回答欄

次へ

回答時間

解答 別冊 P.60 解答時間 120 秒

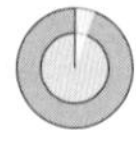

次の表は３種類の製品の第１四半期における売上高を月別にまとめたものである。以下の問いに答えなさい。

	4月	5月	6月	合計
製品A	320 万円	300 万円	280 万円	900 万円
製品B	150 万円	150 万円	150 万円	450 万円
製品C	200 万円	160 万円	230 万円	590 万円

37 ４月の売上高の合計は第１四半期の合計に対して［　　　］%を占める（必要であれば小数点以下第１位を四捨五入すること）。

37 回答欄

38 製品Bの売上高が各月の合計に占める割合の推移を表したグラフは次のA～Fのどれに最も近いか。

A
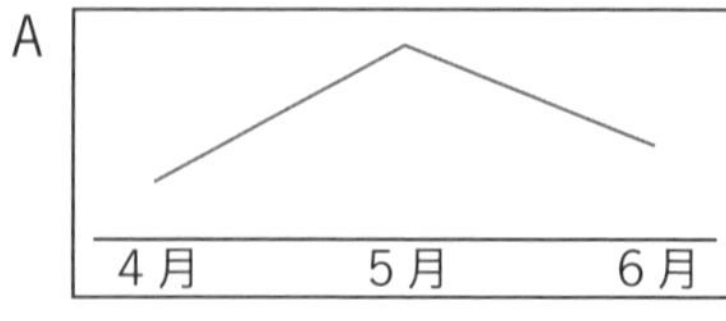

B
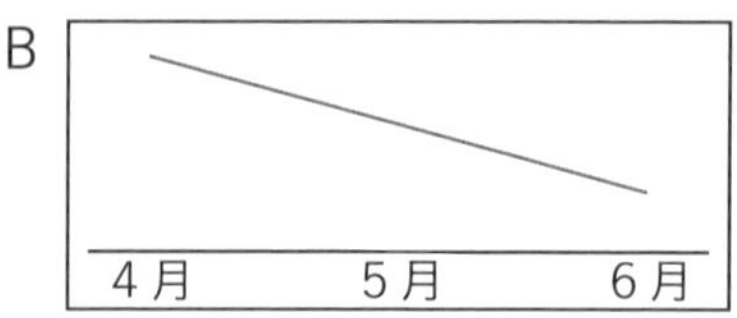

C
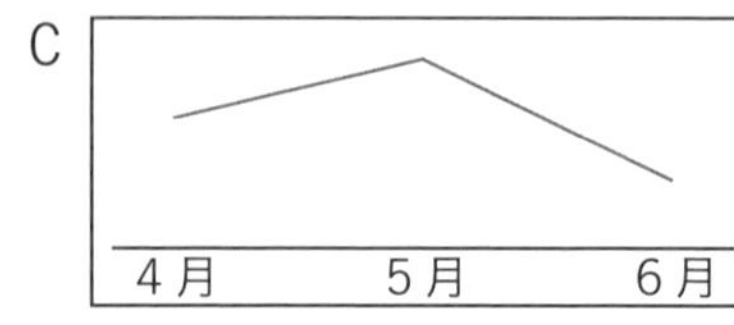

D
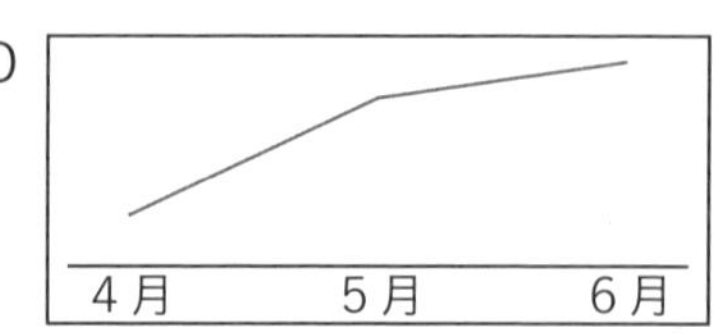

E
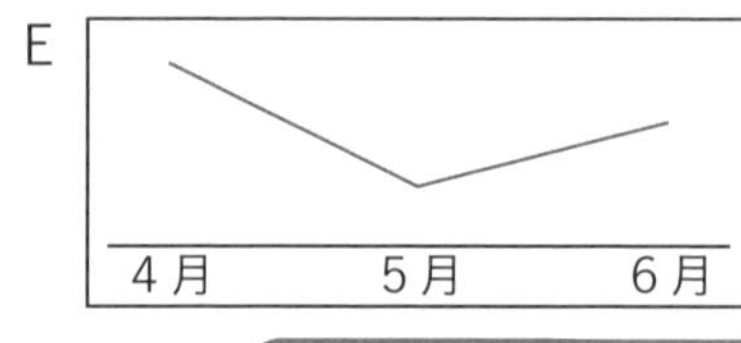

F
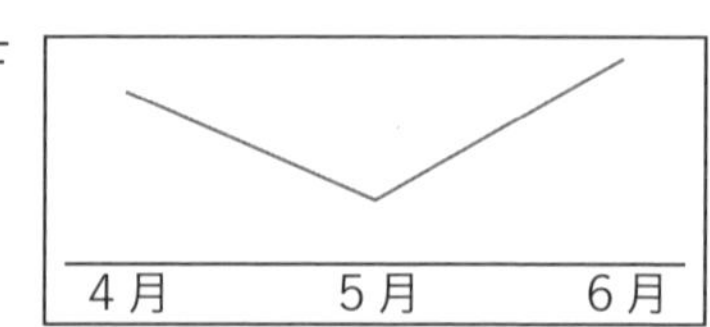

38
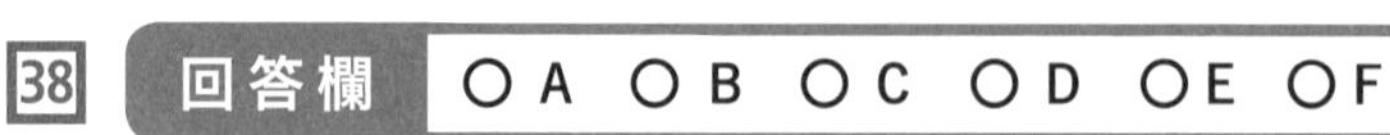

次へ

回答時間

空欄にあてはまる数値を求めなさい。

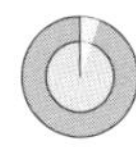

39 サイコロを振って出た目の数だけ進めるゲームをした。ただし2と4が出たときはそれぞれの目の数の倍進めることができる。2回サイコロを振った結果、スタート地点から7進んだ位置にいる確率は［　　］/［　　］である。

39 回答欄 ［　　］

40 大学生の120人を対象に好きな書籍に関するアンケートを行った。漫画が好きという人は85人、小説が好きという人が68人いて、どちらも好きという人は漫画が好きと答えた人の3/5いた。このとき、どちらも好きではないと答えた人は［　　］人である。

40 回答欄 ［　　］

次へ

回答時間

解答 別冊 P.62～63 解答時間 60 秒

空欄にあてはまる数値を求めなさい。

41 あるレストランで1日に注文をした客が200人いた。このうち食事を注文した人は150人、デザートを注文した人は68人、飲み物を注文した人は134人だった。食事とデザートを注文した人が飲み物のみ注文した人の3倍の人数だったとき、飲み物のみ注文した人は［　　　］人である。

41 回答欄［　　　］

次へ

回答時間

選考の過程でWebテストが2回実施されることもある!?

Webテストをはじめとする能力検査は、応募者の絞り込みのために採用選考の初期段階に実施されることが多いです。しかし、面接などの選考がある程度進んだ段階で、2回目の筆記試験を行うケースも近年増えてきています。

1回目の試験は、あくまで企業が求めている水準を満たしているかどうかの絞り込み材料に活用し、2回目の試験で学生の能力や特性などをあらためて測定し、最終面接などに活かすという目的が考えられます。

また、「替え玉受検」などの不正行為への対策という側面もあります。監視型Webテストを導入する企業も増えていますが、2回目の試験を企業の会議室で実施するというケースもあります。2回の筆記試験の結果があまりにも大きく異なる場合、不正を疑われる可能性もあります。

なお、1回目の試験をWebテストで実施して、2回目の試験はテストセンターで実施するなど、別タイプの能力検査が使われるパターンもあります。いずれにしても、能力検査の事前準備さえしっかりできていれば恐れることはありません。

●能力検査を2回実施する採用選考の例

1回目の能力検査（Webテスト、ペーパーテスト、テストセンターなど）

企業説明会

採用選考（グループワーク、一次面接、二次面接など）

2回目の能力検査（Webテスト、ペーパーテスト、テストセンターなど）

最終面接

内定

著者紹介

笹森　貴之（ささもり　たかゆき）
(株)サポートシステム代表取締役。慶應義塾大学卒。就職模擬試験（SPI 対策、CAB・GAB 対策、ES・面接対策など）を全国の大学で実施している。試験の企画・開発のみならず各種試験の対策ガイダンスに全社を挙げて取り組み、「現場力」で日本一のプロ集団を目指している。

橋本　隆司（はしもと　たかし）
(株)サポートシステム社員。横浜国立大学卒。各種の Web テストに精通し、多数の大学で SPI や筆記試験、各種 Web テスト対策講座を担当する。わかりやすい語り口に定評がある。

久米　良光（くめ　よしみつ）
(株)サポートシステム講師。早稲田大学大学院博士後期課程修了（博士）。高度な専門知識を基礎としつつも、「わかりやすさ」を徹底的に追求し、各種就職試験の講座を展開中。

編集：有限会社ヴュー企画　　デザイン・DTP：アイル企画
イラスト：高橋なおみ
企画編集：成美堂出版編集部

本書に関する正誤等の最新情報は、下記のアドレスで確認することができます。
https://www.seibidoshuppan.co.jp/support/

上記 URL に記載されていない箇所で正誤についてお気づきの場合は、書名・発行日・質問事項・ページ数・氏名・郵便番号・住所・ファクシミリ番号を明記の上、**郵送**または**ファクシミリ**で**成美堂出版**までお問い合わせください。
※電話でのお問い合わせはお受けできません。
※本書の正誤に関するご質問以外にはお答えできません。また受検指導などは行っておりません。
※ご質問の到着後、10日前後に回答を普通郵便またはファクシミリで発送いたします。
※ご質問の受付期限は、2025年５月末までとさせていただきます。ご了承ください。

スピード攻略Webテスト WEBテスティング '26年版

2024年６月10日発行

著　者　笹森貴之（ささもり たかゆき）
発行者　深見公子
発行所　成美堂出版
〒162-8445　東京都新宿区新小川町1-7
電話(03)5206-8151 FAX(03)5206-8159
印　刷　株式会社フクイン

ISBN978-4-415-23852-4
落丁·乱丁などの不良本はお取り替えします
定価は表紙に表示してあります

スピード攻略
Webテスト

'26年版

WEB テスティング

別冊

実力模試
解答・解説

矢印の方向に引くと別冊が取り外せます。

成美堂出版

実力模試
解答・解説

目　次

能力検査①

››› 解答・解説

1 正解：A 問題 本冊 P.100

「優秀」は、優れると秀でるという意味なので、似た意味をもつ漢字を重ねる熟語である。

2 正解：C 問題 本冊 P.100

「民営」は、民間で経営するという意味なので、主語と述語の関係にある熟語である。

3 正解：B 問題 本冊 P.100

「脳波」は、脳の波という意味なので、前の漢字が後の漢字を修飾する熟語である。

4 正解：C 問題 本冊 P.100

「地震」は、地が震えるという意味なので、主語と述語の関係にある熟語である。

5 正解：A 問題 本冊 P.100

「空虚」は、空しいと虚しいという意味なので、似た意味をもつ漢字を重ねる熟語である。

6 正解：B 問題 本冊 P.101

「着陸」は、陸に着くという意味なので、動詞の後に目的語をおく熟語である。

7 正解：B 問題 本冊 P.101

「退職」は、職を退くという意味なので、動詞の後に目的語をおく熟語である。

8 正解：A 問題 本冊 P.101

「有無」は、有ると無いという意味なので、反対の意味をもつ漢字を重ねる熟語である。

9 正解：C 問題 本冊 P.101

「表面」は、表の面という意味なので、前の漢字が後の漢字を修飾する熟語である。

10 正解：D 問題 本冊 P.101

「豊富」は、豊かと富むという意味なので、似た意味をもつ漢字を重ねる熟語である。

11 正解：C 問題 本冊 P.102

問題文に、「通話はもちろんだが」とある。「通話」に対応する用語が後ろに続くことが推測できるので「電子メールにも」と書かれたCが正解。

12 正解：A 問題 本冊 P.102

問題文の「つながれば」に続くものを考える。つながった結果としてどうなるのかを考えると、「〜になる」「〜できる」といった結果を表現しているAが正解。文章の意味もつながる。

13 正解：D 問題 本冊 P.102

主語と述語の関係を聞かれている問題。問題文の主語である「必要なのは」に注目して考える。選択肢の中で、必要なものとして説明されているのはDの「**ソフトとサーバーだけ**」のみ。

14 正解：A 問題 本冊 P.103

空欄の前が、「～が」という**逆接の接続助詞**で終わっている。前半は「ツアー客の姿が見えなくなった」という内容。これと対応して**逆接**が成り立つ選択肢は、A「**個人や少人数グループの客足は絶えない**」。

15 正解：E 問題 本冊 P.103

文章の構造から考えるより、意味から考えたほうが解きやすい。「ツアー代金だけでは利益が出ない」を受けて、旅行会社がどこから利益を得ているかが書かれているEが正解。

16 正解：B 問題 本冊 P.103

空欄の前の「～のみならず」に注目。「のみならず」の前にはリスクが大きいという問題点が書かれている。「のみならず」の後ろにもう一つ問題点がくる必要がある。よって、問題点が書かれているBが正解。

17 正解：ア：C　イ：B　ウ：A　エ：D 問題 本冊 P.104

まず、問題文の「することはできません」とのつながりを考えてみる。

(A　正しい考え方をしようとも) することはできません……日本語としておかしい。

(B　いかに能力に恵まれ) することはできません……日本語としておかしい。

(C　熱意がなければ) することはできません……意味がとりにくい。

(D　人生を実り多きものに) することはできません……日本語として問題なく、意味もつながる。よって、[エ] にはDが入る。

次に、問題文の「そのど真剣な」とのつながりを考えてみる。

そのど真剣な (A　正しい考え方をしようとも) ……意味がつながらない。

そのど真剣な（B　いかに能力に恵まれ）……日本語としておかしい。
そのど真剣な（C　熱意がなければ）……日本語して問題なく、意味もつながる。
よって、［ア］にはCが入る。
最後に選択肢BとAの順番を確認する。
B－A：(B　いかに能力に恵まれ)（A　正しい考え方をしようとも）
A－B：(A　正しい考え方をしようとも)（B　いかに能力に恵まれ）
となり、明らかにB－Aの順番が正しいとわかる。
以上により、C－B－A－Dの順になる。

【完成文】

そのど真剣な熱意がなければ、いかに能力に恵まれ、正しい考え方をしようとも、人生を実り多きものにすることはできません。
※選択肢は読点（､）を含んでいない。

18 正解：ア：D　イ：B　ウ：C　エ：A

問題 本冊 P.105

まず選択肢の中から(B　悩む人がいますが)に注目する。この中の「が」は**逆接の接続助詞**だと考えられる。そこで、Bの前後で意味の違いを分けて考えると、
(D　スキル不足で）と、(A　スキルは自然と)・(C　マインドが高ければ）の組に分けることができ、(D　スキル不足で）(B　悩む人がいますが）のつながりがわかる。
次に（A　スキルは自然と)・(C　マインドが高ければ）の順を考えると、
(A　スキルは自然と)（C　マインドが高ければ）……**意味がつながらない**。
(C　マインドが高ければ）(A　スキルは自然と）……**日本語として問題なく、意味もつながる**。問題文の「ついてきます」とのつながりを考えても**問題ない**。
以上により、D－B－C－Aの順になる。

【完成文】

仕事において、スキル不足で悩む人がいますが、マインドが高ければスキルは自然とついてきます。
※選択肢は読点（､）を含んでいない。

19　正解：ア：C　イ：B　ウ：A

問題 本冊 P.106

選択肢からすぐにわかるとおり、**修飾語を選ぶ問題**になっている。よって、**後に続く文・ことばとの関係**を見ていく必要がある。

ここで最も解答を得やすいのは［イ］。「探し求めている」の前に適切に当てはめることができる言葉は、選択肢のうちBの「**絶えず**」のみ。その他の選択肢を当てはめると文がおかしくなってしまう。

次に［ウ］に注目すると、その後に続く「空きができたとしても」の前に適切に当てはめることができる言葉は、Aの「**仮りに**」のみ。

３つの空欄のうち［ア］が最も見分けがつかないところだが、消去法によりCの「**相対的に**」が入ることになる。よって、本文は、インフォーマル・セクターで働く人々は相対的に安定したフォーマル・セクターでの仕事を求めているが、それは難しいという趣旨の文章になる。

20　正解：C

問題 本冊 P.107

挿入する文章中の「この２つ」が何かを確認しながら【a】～【d】の前文を確認する。

【a】：２つの理由とあるが、それが何かはまだ具体的に書かれていないため、意味が**つながらない**。

【b】：直前に、２つの理由が書かれている。しかし、その内容と、挿入文章の「儲かるのか、勝ち目はあるのか」とでは別の話になっている。

【c】：３つの要素のうちの２つの説明の後で、その２つの内容を言い換えている。事業の魅力度→**儲かるのか**、競争上の優位性→**勝ち目**。

【d】：３つの要素すべてが出た後であるため、「この２つ」に**つながらない**。

21　正解：B

問題 本冊 P.108

冒頭に、「なぜ複数の事業を持つのであろうか」とある。その文を受けての説明部分であるため、「複数の事業」がポイントとなる。C　国有化、D　単一化はいずれも１つにまとまってしまうため不適切。また、A　細分化は、複数の事業になりうるが、細分化だと今あるものを細かく分けることになるため、空所部分の後の「事業領域を拡大すること」につながらない。よって、**B　多角化**が正解。

22 正解：B 問題 本冊 P.108

ア　３つの要素の説明の第２として挙げられている。よって**正解**。
イ　３つの要素の説明に、独立性がリスク軽減につながるといったことは書かれていない。よって**誤り**。

23 正解：A 問題 本冊 P.109

江戸時代の「参勤交代」についての文章。本文は２つの文で構成されている。第１文では「幕府が釘をさしている」こととして、「上洛の員数は法令通りにする」ことと「公の役は石高に応じて負担する」ことの２つを挙げている。第２文は第１文を受けて、幕府は「参勤の人数」についてどのような立場をとっていたのかを表す文になる。

第１文で「幕府が釘をさしている」、すなわち、幕府が厳しく規制していることが２つ挙げられ、その２つに限定されている。それに続く文であるため「参勤の人数」については幕府はあまり厳しく規制していないと推測できる。よって、選択肢のうち、そのような意味になるのはAの「**あまり要求する必要はなかった**」である。

以上の理由から、選択肢のうち、Bの「さらに厳しく制限しなければならなかった」やDの「細部にわたり規定しようとした」は正しくない。また、幕府は規制する立場であって、「法令を順守する」立場ではないので、Cも正しくない。

24 正解：B 問題 本冊 P.110

本文はアメリカの企業における「従業員とのコミュニケーション」について述べられたもの。本文は２つの文で構成されている。第１文はアメリカでは「従業員とのコミュニケーション」が重視されてきたことが述べられている。それを受けて第２文では、「従業員とのコミュニケーション」の効果について述べられている。

第２文の「逆に」ということばに注目すれば、それより前のところでは「従業員とのコミュニケーション」が上手くいった場合の効果、それ以降のところでは「従業員とのコミュニケーション」が上手くいかなかった場合の効果について述べられているのがわかる。よって、空欄には「従業員とのコミュニケーション」が上手くいかなかった場合の効果について述べられた文が入ることになる。

本文は「従業員とのコミュニケーション」について述べられたものなので、その効果についても従業員とかかわりのあるものになる。選択肢のAは「企業の財務状況」、Cは「顧客との信頼関係」、Dは「競争相手である他社」についてのものなので適切ではない。従業員の働きやすさについて述べたBの「**単に働きづらいというような問題が起きるだけでなく**」が正解となる。

25 正解：16 問題 本冊P.111

男性の割合が36%だったので、女性の割合は100−36＝64（%）。

集まった人数を100人とすると、その中の女性の数は、

$100 \times \underline{0.64} = 64$（人）

64% ＝ 0.64

そのうちの25%が大学生なので、大学生の数は、

$64 \times \underline{0.25} = 16$（人）

25% ＝ 0.25

となる。

よって、集まった人全体に占める大学生の女性の割合は、

$16 \div 100 = 0.16$

正解は16%。

26 正解：240 問題 本冊P.111

まず、チキンバーガーの価格をxとおくと、

ポテトセットを付けたとき：$(x + 250)$円

サラダセットを付けたとき：$(x + 320)$円

ポテトセットを付けたときはサラダセットを付けたときの$\frac{7}{8}$になるので、方程式を立てると、

$$x + 250 = \frac{7}{8} \times (x + 320)$$

となる。両辺を8倍して整理すると、

$8x + 2{,}000 = 7x + 2{,}240$

$8x - 7x = 2{,}240 - 2{,}000$

$x = 240$（円）

27 正解：84

問題 本冊 P.111

３つの比率は２つの比率に分解できることを利用する。

A：B：C＝5：12：22	➡	A：B＝5：12
		B：C＝12：22

Bがわかればよいので、A、CをBが含まれる形で表す。

A：B＝5：12、B：C＝12：22 はそれぞれ 12 A＝5 B、22 B＝12 Cとなり、

$A = \frac{5}{12}B$、$C = \frac{22}{12}B$

が得られる。これらの式をA＋B＋C＝273 に代入すると、

$\frac{5}{12}B + B + \frac{22}{12}B = 273$　　$(\frac{5}{12} + 1 + \frac{22}{12})B = 273$

$\frac{5 + 12 + 22}{12}B = 273$　　$\frac{39}{12}B = 273$

$39B = 12 \times 273$

$B = \frac{12 \times 273}{39} = 84$

別解

$A = 5x$、$B = 12x$、$C = 22x$ とおき計算することもできる。

A＋B＋C＝273 より、$5x + 12x + 22x = 273$

$39x = 273$

$x = 7$

よって、B＝12 × 7＝84 となる。

28 正解：3 問題 本冊P.112

条件アより、A、B、DはD－B－Aの順になる。これに、イの条件の「Aは最後ではない」を加えて、考えられるパターンを書き出してみると、

① D B A _ _

② D _ B A _

③ _ D B A _

の3通りになる。ただし、条件イより「CはAより前」である。それを踏まえてCの位置を考えると、

① CがAより前に入ることができないので不適

② D C B A _

③ C D B A _

となる。
②、③ともに、Bは3番目になる。
したがって、Bの順番は3番目である。

29 正解：8 問題 本冊P.112

積はその約数同士をかけた数といえる

アの条件より、Pの3数について検討する。

1～9の範囲で36の約数は1、2、3、4、6、9で、この中から3数の積で36となるのは、(1、4、9)、(2、3、6)の2通りある。

カードは1枚ずつしかないので(1、6、6)(2、2、9)(3、3、4)は不可

イの条件の積が315は、一の位が5より、5の倍数である。1～9の中で5の倍数は5のみなので、3数の中に必ず5が含まれていると考えられる。

残った2数の積は315÷5＝63であり、1～9の範囲では(7、9)のみである。

よってPは(2、3、6)、Qは(5、7、9)と決まり、Rは残った(1、4、8)である。

したがって、Rの数字のうち最も大きい数は8となる。

別解

イの条件から、Q のカードの 3 数の積となる 315 は奇数なので、Q は 3 数とも**奇数**である。

奇数のみで掛け算したとき積は奇数になる

さらに、各位の数の和は 3 + 1 + 5 = 9 より、**9** の倍数である。

これらのことから、Q の 3 数の中に必ず **9** が含まれる（**9** はなくとも 3 と 6 が含まれれば **9** の倍数になるが、偶数の 6 が含まれるので不可）。

Q の 3 数に 9 が含まれるため、P の 3 数は前述の 2 通りのうち 9 を含まない（2、3、6）とわかる。また、Q は他の 2 数も奇数なので、残った最も大きい数字の **8** が R の数字のうち最も大きい数字とわかる。

倍数の判別法
3 の倍数：各位の和が 3 で割り切れる
4 の倍数：下 2 桁が 4 で割り切れる
5 の倍数：下 1 桁が 0 または 5
6 の倍数：3 の倍数のうち偶数のもの
9 の倍数：各位の和が 9 で割り切れる

30 正解：40

問題 本冊 P.112

3 回の目をそれぞれ小さい順に a、b、c とおく（1 ≦ a ≦ b ≦ c ≦ 6）。

ア・イの条件をそれぞれ式にすると、

ア：a + b + c = 11　　イ：c − a = 3

ここでイの条件を満たす a と c の組み合わせは、

(a, c) = (1, 4)、(2, 5)、(3, 6)

の 3 通り。これらについて、アと 1 ≦ a ≦ b ≦ c ≦ 6 の条件を満たすかを確認すると、

① (a, c) = (1, 4) のとき、1 + b + 4 = 11
より、b = **6** となり、c よりも大きくなるため**不適**。

② (a, c) = (2, 5) のとき、2 + b + 5 = 11
b = **4** となる。

③ (a, c) = (3, 6) のとき、3 + b + 6 = 11
より、b = **2** となり、a よりも小さくなるため**不適**。

よって、すべての条件を満たす (a, b, c) の値は **(2, 4, 5)** となる。

これらの積を求めると、a × b × c = **2** × **4** × **5** = **40**

31 正解：74 問題 本冊 P.113

まず、単位を揃えて考える。速さの単位（km/ 時）に合わせて単位を揃えると、P 駅から Q 駅までに要した時間は、

$\frac{12}{60}=0.2$（時間）

となる。P 駅から Q 駅までの距離を距離＝速さ×時間の公式から求めると、

PQ 駅間の距離：$78\times 0.2=15.6$（km）

同様に Q 駅から R 駅までに要した時間と QR 駅間の距離は、

$\frac{6}{60}=0.1$（時間）

QR 駅間の距離：$66\times 0.1=6.6$（km）

以上により、P 駅から R 駅までに要した時間と PR 駅間の距離は、

時間：$0.2+0.1=0.3$（時間）

PR 駅間の距離：$15.6+6.6=22.2$（km）

PR 駅間の平均時速を速さ＝距離÷時間の式から求めると、

$22.2\div 0.3=74$（km/ 時）

32 正解：3.6 問題 本冊 P.113

作業全体の量を 1 とおくと、P は 1 時間に $\frac{1}{8}$ の作業を行うことができる。同様に Q は $\frac{1}{10}$ 行うことができる。P と Q が作業を行った後の残りの作業を P が 1 人で行う時間を x（時間）とすると、P は $2+x$（時間）働いたと表すことができる。

「**1 時間当たりの作業量×時間＝作業量**」となるので、2 人の作業量の合計について、

$$\underbrace{\frac{1}{8}\times(2+x)}_{\text{Pの作業量}}+\underbrace{\frac{1}{10}\times 3}_{\text{Qの作業量}}=1 \leftarrow \text{作業全体の量は1}$$

が成り立つ。両辺に 40 をかければ

$5\times(2+x)+4\times 3=40$

よって、$x=3.6$（時間）となる。

33 正解：D

問題 本冊 P.114

現在の子どもの年齢を x 歳とおくと、父の年齢は $5x$ 歳。

まず、アの情報だけを考えてみる。

4年前の父の年齢は（$5x-4$）歳、子どもの年齢は（$x-4$）歳。

父の年齢が子どものちょうど9倍であるため、方程式は、

$5x-4=9\times(x-4)$

となる。これを整理すると、

$9x-5x=36-4$

$4x=32$

$x=8$（歳）

よって、子どもの現在の年齢は8歳とわかる。したがって父の現在の年齢は、$5\times8=40$（歳）

次に、イの情報だけを考えてみる。

8年後の父の年齢は（$5x+8$）歳、子どもの年齢は（$x+8$）歳。

父の年齢が子どものちょうど3倍であるため、方程式は、

$5x+8=3\times(x+8)$

となる。これを整理すると、

$5x-3x=24-8$

$2x=16$

$x=8$（歳）

よって、子どもの現在の年齢は8歳とわかる。したがって父の現在の年齢は、$5\times8=40$（歳）

よって、Dの「**アだけでも、イだけでもわかる**」が正しい。

34 正解：5

問題
本冊 P.115

6学年を**数直線上**で整理して考えていく。

条件ア・イをまとめると、UはVの3学年下で、WはUの2学年下なので、3人の中ではVが一番上の学年である。Vが**6年生**の場合、Uは**3年生**で、Wは**1年生**であり、**それ以外の可能性はない**ため、3人の学年は確定する。

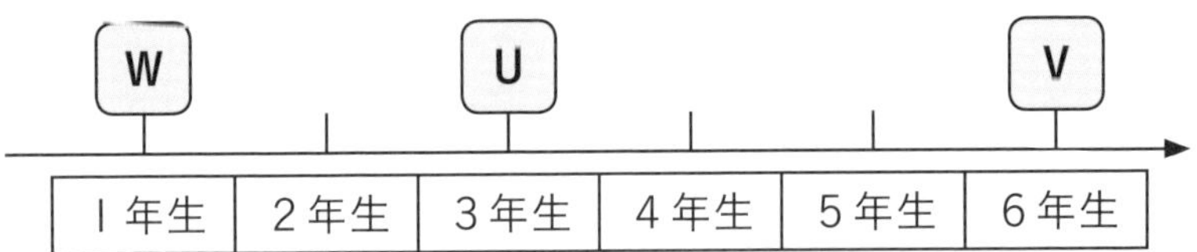

条件ウより、YはXより2学年上であるので、上記の数直線からYは**4年生**、Xは**2年生**でなければならない。

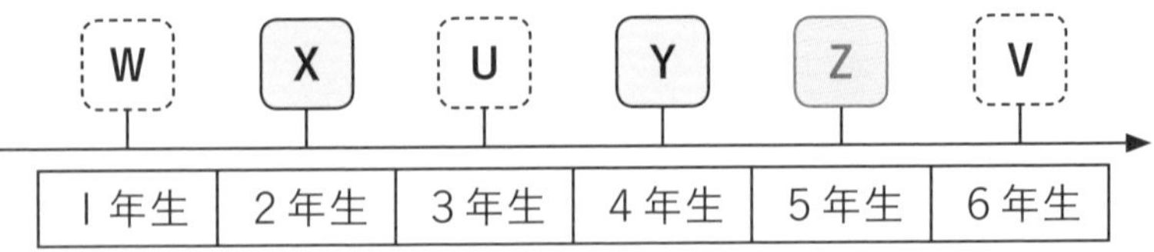

よって、残るZは**5年生**となる。

35 正解：7/8

問題
本冊 P.116

出た目に偶数が1つでも含まれると積は偶数になる。すなわち、出た目の積が偶数になる場合の数を求めるには、「少なくとも1回は偶数が出る」場合の数を求めることになる。

組み合わせは、次のようになる。

(奇数)×(奇数)×(奇数)＝(奇数)
(偶数)×(奇数)×(奇数)＝(偶数)
(偶数)×(偶数)×(奇数)＝(偶数)
(偶数)×(偶数)×(偶数)＝(偶数)

} この部分を求めると余計な時間がかかる

「1回も偶数が出ない＝すべて奇数」となる場合の数を求めると、奇

数は1、3、5の3通りなので、

$3 \times 3 \times 3 = 27$（通り）

起こりうるすべての場合の数は、サイコロの目が6通りなので、

$6 \times 6 \times 6 = 216$（通り）

よって、「少なくとも1回は偶数が出る」場合の数は、

$216 - 27 = 189$（通り）

したがって、求める確率は、

$\frac{189}{216} = \frac{7}{8}$

参考

（偶数）×（奇数）×（奇数）⇒（偶数）×（奇数）⇒（偶数）

（偶数）

となり、1つでも偶数をかけると全体は偶数になる。

36 正解：42

問題 本冊 P.116

組み合わせの公式を使って考える。

（i）前菜3種類の中から1品選ぶ選び方は、

$_3C_1 = 3$（通り）

（ii）パスタ4種類、ピッツァ3種類の合計7種類の中から1品選ぶ選び方は、

$_7C_1 = 7$（通り）

（iii）デザート2種類の中から1品選ぶ選び方は、

$_2C_1 = 2$（通り）

（i）〜（iii）より、コースの選び方は全部で、

$3 \times 7 \times 2 = 42$（通り）

別解

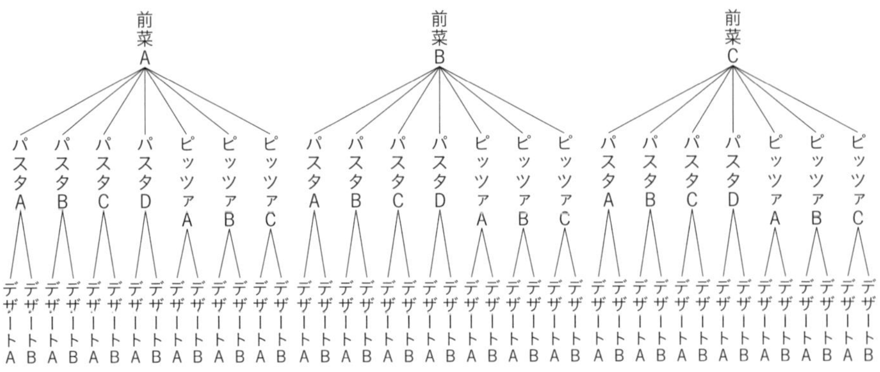

樹形図より、コースの選び方は、

3 × 7 × 2 = 42（通り）

37 正解：1/12

問題 本冊P.116

すべての場合の数は、6 × 8 = 48（通り）

出た目の数の和が 11 になるのは、

サイコロA	サイコロB
6	5
5	6
4	7
3	8

以上の4通り。

したがって、求める確率は、

$$\frac{4}{48} = \frac{1}{12}$$

38 正解：1.2

問題 本冊P.117

中高生の来場者数は 2013 年が 17,000 人で 2023 年が 20,400 人である。

20,400 人が 17,000 人の何倍かが問われているので、計算式は、

20,400 ÷ 17,000 = 1.2

よって、正解は 1.2 倍となる。

39 正解：B

問題 本冊 P.117

各設問を順に考える。

ア：まず総利用者数をみると、

2013 年が、76,000 ＋ 17,000 ＋ 23,500 ＝ 116,500（人）

2023 年が、87,600 ＋ 20,400 ＋ 24,800 ＝ 132,800（人）である。

2023 年に対する 2013 年の割合は、116,500 ÷ 132,800 ＝ **0.877…**より約 **88%**となり、80%以下ではないので**誤り**

イ：増加率は、$\dfrac{\text{2023 年の来場者数}-\text{2013 年の来場者数}}{\text{2013 年の来場者数}}$

これを整理すると、増加率＝$\dfrac{\text{2023 年の来場者数}}{\text{2013 年の来場者数}}-1$

$$\frac{\text{2023 年の来場者数}-\text{2013 年の来場者数}}{\text{2013 年の来場者数}}$$
$$=\frac{\text{2023 年の来場者数}}{\text{2013 年の来場者数}}-\frac{\text{2013 年の来場者数}}{\text{2013 年の来場者数}}$$
$$=\frac{\text{2023 年の来場者数}}{\text{2013 年の来場者数}}-1$$

成人と中高生の増加率を計算すると、

成人の増加率 $\dfrac{87{,}600}{76{,}000}-1=$ **0.152…**より約 **15%**

中高生の増加率 $\dfrac{20{,}400}{17{,}000}-1=$ **0.2** より **20%**

小学生以下の増加率 $\dfrac{24{,}800}{23{,}500}-1=$ **0.055…**より約 **6%**

よって、中高生が最も増加率が高く、設問は**正しい**。

ウ：2018 年の総来場者は 83,000 ＋ 16,500 ＋ 22,000 ＝ 121,500（人）。成人は 83,000 人なのでその割合は、83,000 ÷ 121,500 ＝ **0.683…**より約 **68%**となる。70%以上ではないので**誤り**。

正しいものは**イ**だけなので **B** が正解。

40 正解：140 問題 本冊 P.118

ベン図を作成して考える。
まず、Y店だけを利用している学生の人数を求める。
Y店だけを利用している学生＝
全学生－X店を利用している学生－どちらも利用していない学生＝
200 － 85 － 38 ＝ 77（人）

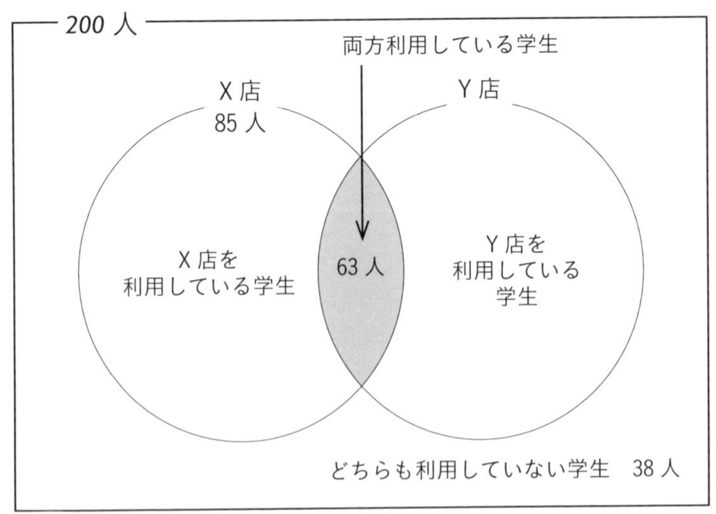

Y店を利用している学生の人数は、X店と両方利用している学生も含むので、
Y店を利用している学生＝
Y店だけを利用している学生＋X店とY店両方利用している学生＝
77 ＋ 63 ＝ 140（人）

41 正解：432

問題 本冊 P.118

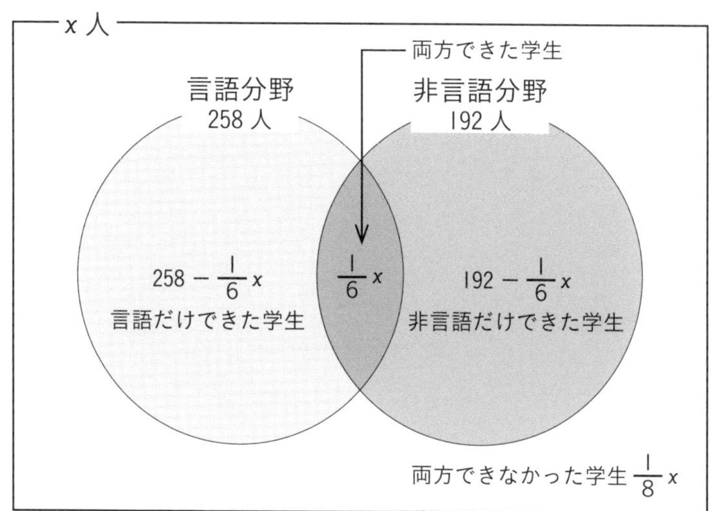

ベン図を作成して考える。

学生全体を x 人とおくと、

両方できた学生：$\frac{1}{6}x$ 人

両方できなかった学生：$\frac{1}{8}x$ 人

言語分野だけできた学生：$(258 - \frac{1}{6}x)$ 人

非言語分野だけできた学生：$(192 - \frac{1}{6}x)$ 人

となる。

学生全体＝

言語分野だけできた学生＋非言語だけできた学生＋両方できた学生＋両方できなかった学生

なので、

$$x = (258 - \frac{1}{6}x) + (192 - \frac{1}{6}x) + \frac{1}{6}x + \frac{1}{8}x$$

$$x = 258 + 192 - \frac{1}{6}x + \frac{1}{8}x = 450 - \frac{1}{24}x$$

$$\frac{25}{24}x = 450$$

$x = 432$（人）

42 正解：99 問題 本冊 P.118

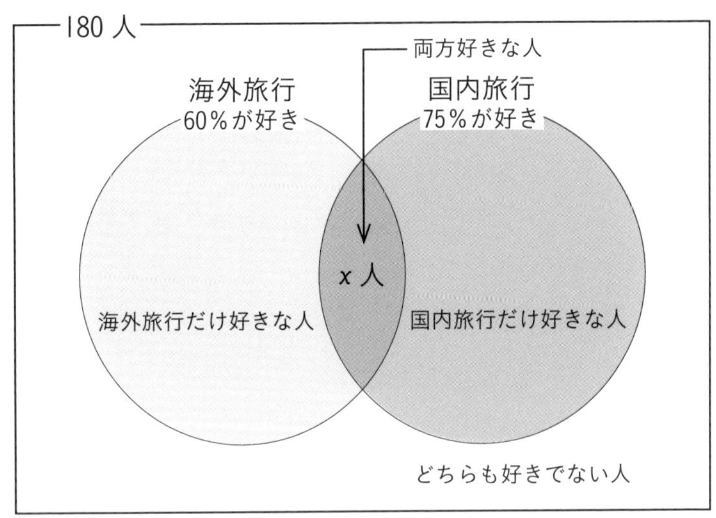

ベン図を作成して考える。

まず、海外旅行が好きな人は全体の60%なので、実際の人数を出すと、

$180 \times 0.6 = 108$（人）

同様に、国内旅行が好きな人は全体の75%なので、

$180 \times 0.75 = 135$（人）

また、海外旅行が好きでない人の人数を次の式で出すと、

海外旅行が好きでない人＝全体－海外旅行が好きな人

$180 - 108 = 72$（人）

このうちの50%は国内旅行も好きではない、すなわち「どちらも好きでない」ということ。その人数は、

$72 \times 0.5 = 36$（人）

両方好きな人をx人とおくと、海外旅行だけ好きな人は（$108 - x$）人、国内旅行だけ好きな人は（$135 - x$）人とおくことができる。

全体＝海外旅行だけ好きな人＋国内旅行だけ好きな人＋両方好きな人＋どちらも好きでない人　なので、

$180 = (108 - x) + (135 - x) + x + 36$

$180 = 108 + 135 - x + 36$

$x = 99$（人）

能力検査②

≫ 解答・解説

1 正解：C 問題 本冊 P.119

「執筆」は、筆を執るという意味であるので、動詞の後に目的語をおく熟語である。

2 正解：C 問題 本冊 P.119

「遺言」は、言葉を遺すという意味であるので、動詞の後に目的語をおく熟語である。

3 正解：B 問題 本冊 P.119

「親疎」は、親しいと疎いという意味であるので、反対の意味をもつ漢字を重ねる熟語である。

4 正解：A 問題 本冊 P.119

「尊敬」は、尊ぶと敬うという意味であるので、似た意味をもつ漢字を重ねる熟語である。

5 正解：D 問題 本冊 P.119

「誠意」は、誠の意という意味であるので、前の漢字が後の漢字を修飾する熟語である。

6 正解：C

問題 本冊 P.120

「巧拙」は、巧みなことと拙いことという意味をもつので、反対の意味をもつ漢字を重ねる熟語である。

7 正解：B

問題 本冊 P.120

「偏食」は、偏った食事という意味であるので、前の漢字が後の漢字を修飾する熟語である。

8 正解：D

問題 本冊 P.120

「消灯」は、灯を消すという意味であるので、動詞の後に目的語をおく熟語である。

9 正解：A

問題 本冊 P.120

「包囲」は、包むと囲うという意味であるので、似た意味をもつ漢字を重ねる熟語である。

10 正解：C

問題 本冊 P.120

「禍福」は、災難と幸福という意味であるので、反対の意味をもつ漢字を重ねる熟語である。

11 正解：E

問題 本冊 P.121

「無降水日数の頻度も」の「も」に着目すると、無降水日数の頻度と対比される何かが空欄に入ることが推測できる。そうすると、「**短時間強雨の頻度**」や「一方」という表現のある選択肢が最もつながりがよいことがわかる。よって、Eが正解。

12 正解：A

問題 本冊 P.121

「従来の対策で……通用しなくなる」という内容に着目すると、「**想定を上回る**」という表現のある選択肢Aの内容が適合する。これにより文の前半が**原因**、文の後半が**結果**という構造になり、**因果関係**を表した文であることがわかる。

13 正解：B

問題 本冊 P.121

選択肢Bの「**受ける被害は**」に着目する。そうすると、「**受ける被害**」について文の前半で「**外力の強さのみに依存するものではなく**」と否定的に説明され、文の後半で「『脆弱性』の変化を考慮する必要がある」と強調したいことが説明されているので、文の構造として適切な流れになることがわかる。

14 正解：ア：C　イ：B　ウ：A

問題 本冊 P.122

住民による「まちづくり運動」についての文章。ここで最も解答を導きやすいのは［イ］。Aの「参加」やCの「意向」を入れた場合、だれの「参加」や「意向」なのかが文脈からはっきりしない。一方、Bの「**注意**」であれば読者に対する注意喚起と解釈できるので問題ない。

アとウにはA、Cいずれも当てはめることができるように見える。その場合は、**前後の文脈から判断**することになる。

ウが含まれる文はどのようにすれば「住民主体のまちづくり運動」に発展できるかを表したもの。単に住民の「意向」が保証されるより、住民の「参加」が保証されるほうが、より「住民主体のまちづくり運動」に発展することが期待できるので、［ウ］にはAのほうがより適切。

一方、［ア］については残るCが入ることになるが、Aでも当てはまるようにも思える。しかし、大企業が直接「参加」すると「住民主体のまちづくり運動」でなくなってしまうので適切とはいえない。

15 正解：ア：A　イ：C　ウ：B

問題 本冊 P.123

敗戦直後の一般庶民の衛生状態についての文章。本文は4つの文で構成されている。第1文が主題文となり、第2文以降で主題文をサポートする形をとっている。

ここで最も解答を得やすいのは［イ］。それが先頭となる第4文は、主題文を畳みかけるように説明している最後の文なので、選択肢のうちCの「**しかも**」が適切。

さらに、第4文は「食べるものもろくに食べていない」ことが原因となって「体の抵抗力が極端に落ちていた」という結果になっていると推測できる。よって、［ウ］はBの「**当然ながら**」が適切。

［ア］にはA、Bどちらでも当てはめることができるように見える。しかし、消去法により、Aの「**これもまた**」が入ることになる。

16 正解：ア：C　イ：A　ウ：D　エ：B

問題 本冊 P.124

まず、選択肢の中で文のつながりを考えてみると、(C　誰かが決めた規範を)(A　真面目に守るだけでは)のつながりが見つかる。

(C　誰かが決めた規範を)の後ろに、他の選択肢や、問題文の「高めることはできない」がくると、**日本語としておかしい。**

次に(D　国際競争で優位に立ち)とのつながりを考えてみる。

(D　国際競争で優位に立ち)(C　誰かが決めた規範を)……**意味がつながらない。**

(D　国際競争で優位に立ち)(B　日本の国力を)……**日本語として問題なく、意味もつながる。**

(D　国際競争で優位に立ち)高めることはできない……**日本語としておかしい。**

以上より**C－A、D－B**のつながりが確定できる。

最後にC－AとD－Bの順番を考える。それぞれ並べて考えてみると、

C－A－D－B：

世界のどこかで(C　誰かが決めた規範を)(A　真面目に守るだけでは)(D　国際競争で優位に立ち)(B　日本の国力を)高めることはできない。

D－B－C－A：

世界のどこかで(D　国際競争で優位に立ち)(B　日本の国力を)(C

誰かが決めた規範を）（A　真面目に守るだけでは）高めることはできない。

以上より C－A－D－B が正解とわかる。

【完成文】

世界のどこかで誰かが決めた規範を真面目に守るだけでは、国際競争で優位に立ち、日本の国力を高めることはできない。

※選択肢は読点（、）を含んでいない。

17 正解：ア：B　イ：D　ウ：A　エ：C

問題 本冊 P.125

まず、選択肢の中の（A　グローバルに一元管理された）に注目してみる。「一元管理された」が修飾するものを探すと、（A　グローバルに一元管理された）（C　人事システムが）のつながりが見つかる。他のつながりは日本語としておかしい。

次に（B　適材適所で）に注目し、つながりを確認してみる。

（B　適材適所で）（A　グローバルに一元管理された）（C　人事システムが）……意味が**つながらない**。

（B　適材適所で）（D　活用するためには）……日本語として**問題なく**、意味も**つながる**。

（B　適材適所で）不可欠だ……意味が**つながらない**。

よって、（B　適材適所で）（D　活用するためには）のつながりがわかる。

最後に A－C と B－D の順番を確認する。

貴重な人的資源を（A　グローバルに一元管理された）（C　人事システムが）（B　適材適所で）（D　活用するためには）不可欠だ。……意味が**つながらない**。

貴重な人的資源を（B　適材適所で）（D　活用するためには）（A　グローバルに一元管理された）（C　人事システムが）不可欠だ。……日本語として**問題なく**、意味も**つながる**。

以上より、B－D－A－C の順番になる。

【完成文】

貴重な人的資源を適材適所で活用するためには、グローバルに一元管理された人事システムが不可欠だ。

※選択肢は読点（、）を含んでいない。

18 正解：ア：B　イ：D　ウ：A　エ：C

問題 本冊 P.126

A～Dの選択肢のすべてが、「温度差がある部屋間の移動」で起こる出来事であるので、順番が変わっても日本語としてはおかしくならない。よって、それぞれの出来事の因果性について考える必要がある。

まず、(D　それによって血圧が急激に変動すると）の「**それによって**」という指示語に注目すると、血圧が急激に変動する要因が直前にあると考えられ、(B　血管の伸縮が起こり）の「**血管の伸縮**」がそれにあたる。さらに、血圧が急激に変動することで、現れる症状が**A**や**C**であり、B－Dの後にAとCが入る。A－Cは「めまいやふらつき（軽症)」だけではなく「(最悪の）場合によっては心筋梗塞や脳梗塞（重症)」で「命を落とすこともある」となり意味が通じるが、C－Aでは「心筋梗塞や脳梗塞」が「めまいやふらつきを起こす」原因となりふさわしいとはいえない。したがって**B－D－A－C**が正解といえる。

【完成文】

入浴後など、温度差がある部屋間の移動では、血管の伸縮が起こり、それによって血圧が急激に変動すると、めまいやふらつきを起こしたり、場合によっては心筋梗塞や脳梗塞を起こし、命を落とすこともある。

※選択肢は読点（､）を含んでいない。

19 正解：D

問題 本冊 P.127

「プロスポーツ」について**逆説的**に述べられたもの。本文は４つの文で構成されている。第１、２文では「プロスポーツ」を観戦することのどこに楽しさがあるのかを説明している。第３文冒頭の「つまり」ということばからもわかるように、第３文以降は、第１、２文をまとめている。

第３文で「プロスポーツにおいては対戦相手がいないとスポーツ観戦というサービスを売ることができない」と述べられている。つまり、本文の要旨は「プロスポーツ」において対戦相手が必要であること。この点はライバル企業をできれば排除したいと考える通常の企業と異なるところである。空欄のある第４文はこのような趣旨の文が適切であり、**D**が正解となる。

本文ではプロスポーツのチームが「利益最大化」を目的としているようなことについては述べられていないので、**A**は適切ではない。経営状態のことについても述べられていないのでBも適切ではない。
　Cについても、本文ではプロスポーツの「勝利至上主義」については述べられていないので、**正しくない**。

20 正解：A

問題 本冊 P.128

　いわゆる「シェア」の広がりが与える影響について述べられたもの。本文は3つの文で構成されている。第1文では「シェア」の説明として、「『情報共有』の進化の新局面をよく捉えている」としている。
　第2文では「情報共有」により消費者同士の貸し借り、売り買いが促進されると述べている。第3文では空欄の前が「たとえば……たり、……たり」となっており、その例が2つ挙げられている。選択肢から判断して、空欄には前半部分のまとめとなるような文が適切であると考えられる。
　第3文前半の「使わなくなった子供のおもちゃを遠くにいる必要な誰かに売ったり」や「余っている部屋や家を空ける一定の間、ホテルの代わりに安く泊まりたいと思っている人に貸したり」は、Aの文にある「見知らぬ人同士のマッチング」のこと。よって、Aが正解となる。
　Bのネット取引の拡大は予想できることだが、本文には対面取引を凌駕するとまでは書かれていない。Cについてはインターネットで消費生活が行えるようになったことは事実だが、消費生活すべてが行えるようになったとまでは本文に書かれていない。Dのことは本文では一切触れられていない。

21 正解：D

問題 本冊 P.129

　「古代」「中世」「近代」「現代」という時代の分け方について述べられたもの。本文は3つの文で構成されている。第1文では世界の歴史はそのような時代の分け方をするのが常識になっていると述べている。これが本文の主題文となる。後の2つの文でその主題文をサポートする形をとっている。
　第2文では上記の時代の分け方が「学問的モデル」としてヨーロッパのみならずそれ以外の国や地域の歴史を見る場合でも使われるようになったと述べている。空欄のある第3文の冒頭に「また」ということばがきているので、第３文では第２文を受けてさらにその時代の分け方の説明が続いていると推測できる。また、「いまさら問い返してみる気を起させないほどに潜在化している」という文に注目すると、その時代の分け方がより広く浸透しているという趣旨の文になると推測できる。

選択肢のうち、空欄にそのような意味で当てはめることができるのはDになる。第３文は学問上のモデルとしてだけでなく、それ以外の場合でも、上記の時代の分け方が使われているという意味になる。

Aのように学問上のモデルに限定されたり、Cのように学問上のモデルにおいて広く応用されたりというふうになると、論理展開としておかしな文になってしまう。また、Bのように学問上のモデルとしてはもはや使われていないという趣旨のことは、本文には書かれていない。

22 正解：3

問題 本冊 P.130

父の年齢が２人の子どもの年齢の和の1.5倍になるのをx年後とおくと、父の年齢は（$45+x$）歳になる。

また、子どもは２人がそれぞれx歳ずつ年齢が上がるので、（$26+2x$）歳になる。

xではなく$2x$になることに注意

これらを用いて方程式を立てると、

$$1.5\times(26+2x)=45+x$$

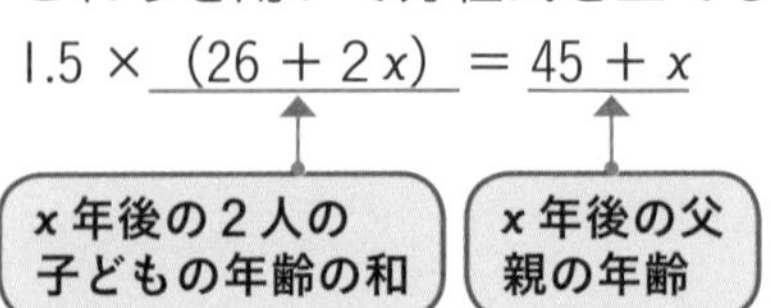

となる。これを解くと、

$$39+3x=45+x$$
$$3x-x=45-39$$
$$2x=6$$
$$x=3\text{（年後）}$$

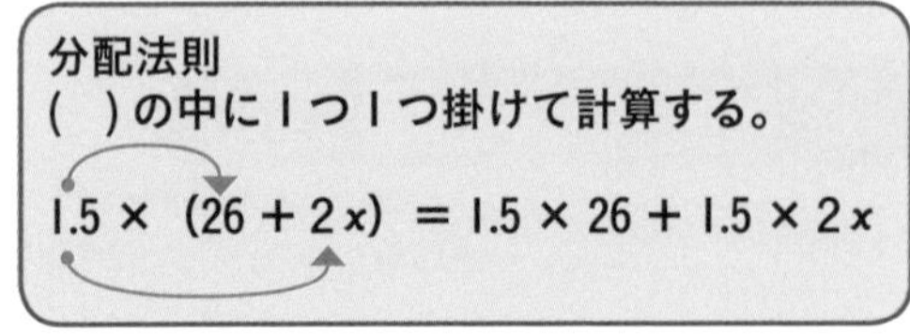

分配法則
(　)の中に１つ１つ掛けて計算する。
1.5 ×（26 + 2x）= 1.5 × 26 + 1.5 × 2x

23 正解：5600

問題 本冊 P.130

A小学校のグラウンドの面積をx、B小学校のグラウンドの面積をyとすると、

$\frac{1}{4}x = \frac{2}{5}y$

$y = \frac{1}{4}x \times \frac{5}{2} = \frac{5}{8}x$……①

A小学校とB小学校のグラウンドの大きさを足すと、9,100㎡なので、

$x + y = 9{,}100$……②

となる。①と②より、

$x + \frac{5}{8}x = 9{,}100$

$\frac{13}{8}x = 9{,}100$

$x = 5{,}600$（㎡）

24 正解：2

問題 本冊 P.131

それぞれの条件を図示してみる。

アを図示すれば、前から順に、

Ⓠ Ⓟ Ⓡ Ⓣ または Ⓠ Ⓟ Ⓣ Ⓡ となる。

2つに場合分け

イを図示すれば、

Ⓡ Ⓢ Ⓤ となる。

条件イより、**Uが6番目であることを考慮**してアとイを組み合わせれば、以下の3通りの並び順が考えられる。

Ⓠ Ⓟ Ⓡ Ⓣ Ⓢ Ⓤ

Ⓠ Ⓟ Ⓡ Ⓢ Ⓣ Ⓤ

Ⓠ Ⓟ Ⓣ Ⓡ Ⓢ Ⓤ

この3通りの並び順を確認すると、**Pは常に2番目**となっていることがわかる。

よって、正解は2番目となる。

25 正解：15

問題 本冊 P.131

条件アで、Aの２枚のカードの差が４とあるので、Aの２枚のカードの組み合わせは具体的に場合分けをすることができ、（1，5）（2，6）（3，7）（4，8）となる。しかし、Aのカードの和はBの持つ２枚のカードのうち大きい数と等しいので、和は８以下。したがって、Aの２枚は（1，5）（2，6）の場合に絞られる。

（1）Aの２枚が（1，5）の場合

Bは Aの２枚の和となる６のカードを持ち、Cは７のカードを持つので、BとCのもう１枚は2、3、4、8のいずれかとなる。

1	2	3	4	5	6	7	8
A				A	B	C	

条件イで、Cの残りのカードはBの２枚のカードの和より２小さいので、Bの６以外のカードの数をb、Cの７以外のカードの数をcとすると、c＝6＋b－2と立式できる。これにより、c＝b＋4。cは５以上なので、c＝8、b＝4のみ条件を満たすことになる。したがって、Cの２枚は7と8となるので、和は15となる。

（2）Aの２枚が（2，6）の場合

1	2	3	4	5	6	7	8
	A				A	C	B

Bは８のカードを持ち、Cは７のカードを持つので、BとCのもう１枚は1、3、4、5のいずれかとなる。条件イを立式すると、c＝8＋b－2。c＝6＋bとなるが、b≧1なので、cは必ず7以上になる。したがって、この条件を満たす数字の組み合わせはない。

以上により、Aが1、5、Bが4、6、Cが7、8の１通りだけ成り立ち、Cの和は15に決まる。

26 正解：Z 問題 本冊 P.132

Wの位置を固定して条件アを図にすると、

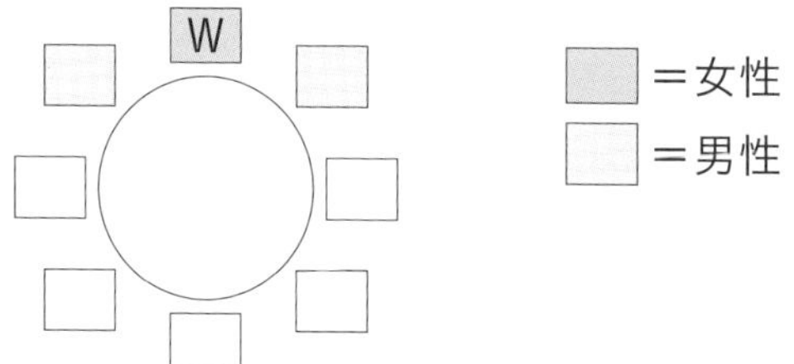

となる。次に条件イより、BとX、CとYの位置を考えると、

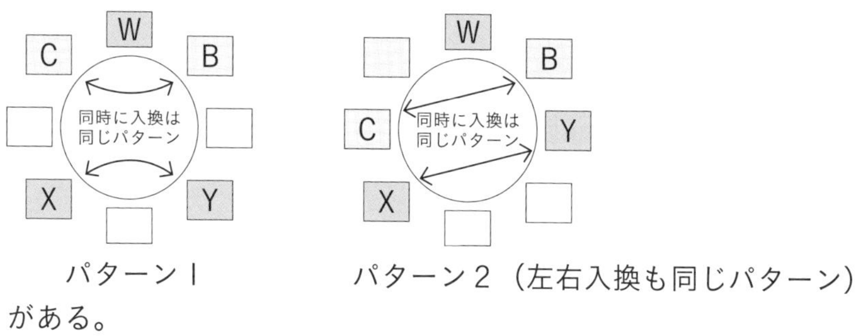

パターン1　　パターン2（左右入換も同じパターン）

がある。

【パターン1の場合】

Wの真向かいに男性が入ると、残りは男性1人と女性1人で、XかYの両隣には必ず男性が座るので、アの条件より不適。したがって、Wの真向かいには女性が座る。残っている女性はZのみ。

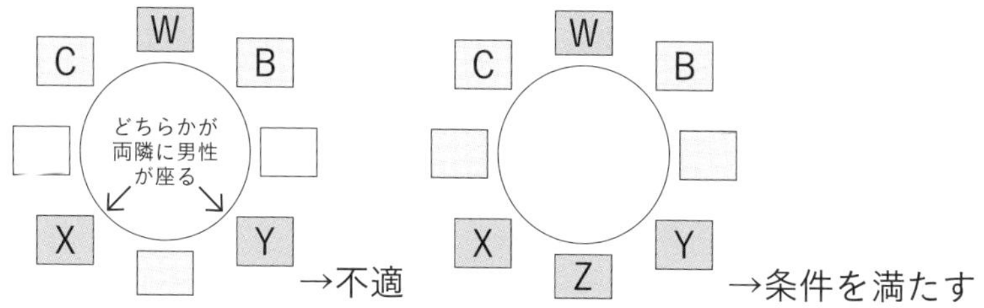

【パターン２の場合】

Ｗの真向かいに男性が座ると、Ｘの両隣に男性が座ることになるので不適。Ｗの真向かいに女性が座った場合も、Ｙの両隣に男性が座ることになるので不適。したがって、パターン２は成立しない。

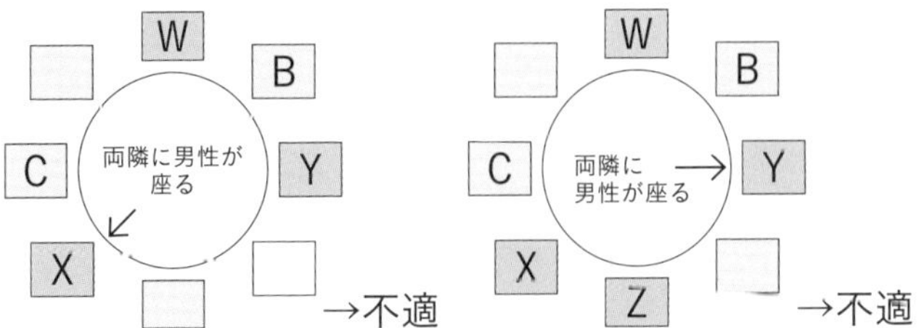

以上により、パターン１のみが成立し、Ｗの真向かいにはＺが座る。

27 正解：２

問題 本冊 P.132

条件アを式にすると、$A \times B \times C = 24$

これを変形すると、$C = \frac{24}{A \times B}$となる。

Ｃは整数なので、Ａ×Ｂは24以下の数値になり、かつ、24を割って割りきれる数であることがわかる。

次に、条件イより、Ａの個数はＢの個数より４多いので、Ａは５以上の数になる。Ａが５以上で、Ａ×Ｂが24以下になるのは、ＡとＢが、（5，1）（6，2）（7，3）のとき。このうち、Ｃが整数になるのは、（6，2）のときのみである。

よって、Ａ＝6、Ｂ＝2、Ｃ＝2のときのみ条件を満たすので、Ｃの個数は２と決まる。

28 正解：960

問題 本冊 P.133

まず、Cの値段をxとおくと、BはCの値段の0.8倍なので、$0.8x$。
また、AはBの値段の1.5倍なので、
$1.5 \times 0.8x = 1.2x$
A、B、Cの合計金額が3,600円なので、方程式を立てると、
$1.2x + 0.8x + x = 3,600$
$3.0x = 3,600$
$x = 1,200$（円）
よって、Cの値段が1,200円とわかる。Bの値段はその0.8倍なので、
$1,200 \times 0.8 = 960$（円）

29 正解：18

問題 本冊 P.133

男女比が5：3より、女子学生は全体の$\frac{3}{8}$である。

全体が80人なので、女子学生数は、$80 \times \frac{3}{8} = 30$（人）。

他大学ではない女子学生が最も少なくなるのは、他大学の学生12人がすべて女子学生のときである。したがって、$30 - 12 = 18$（人）。

（参考）
以下のような図で考えることもできる。
他大学の女子学生の人数をxとすると、他大学以外の女子学生は（$30 - x$）となる。
$30 - x$が最小になるのは、xが最大のときである。したがって、$x = 12$となり、$30 - x = 30 - 12 = 18$（人）。

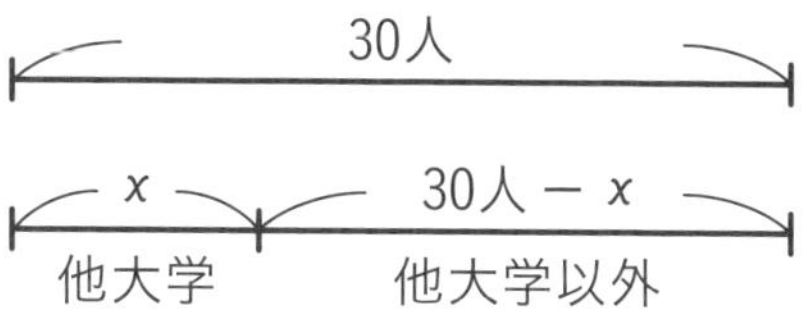

30 正解：120 問題 本冊 P.133

船の静水時の速さを x（m/分）とすると、
QからPに向かう（川上りとなる）際は、川の流れに押し戻されるので、実際の船の速さは $x - 60$（m/分）となる。

40分で2.4km（2400m）の距離を移動したので、
「速さ×時間＝距離」にあてはめると、
$(x - 60) \times 40 = 2400$ が成り立つ。

これを解いて、$x = 120$（m/分）

31 正解：E 問題 本冊 P.134

A、B、Cが食べた皿数をそれぞれa、b、cとおくと、３人の合計が40皿なので、

$a + b + c = 40$……①

となる。

アの情報だけ考えて、式にしてみると、

$a = b + 4$……②

となり、②を①に代入してみると、

$b + 4 + b + c = 40$

整理すると、

$2b + c = 36$……③

となる。これを満たす条件は複数あるため、アの情報だけでは個数を確定させることができない。

次にイの情報だけ考えてみると、Cが一番少なかったことがわかるが、それだけでは個数を確定させることができない。

最後にアとイの両方の情報を使って考えると、

食べた量は、$a > b > c$……④

の順になることがわかる。

ここで③④を満たすa、b、cの値を書き出してみると、次の5通りになり、個数を確定することはできない。

a	b	c
21	17	2
20	16	4
19	15	6
18	14	8
17	13	10

よって、Eの「**アとイの両方があってもわからない**」が正解。

32 正解：C

問題 本冊 P.135

まずは、アの情報だけで考えてみる。

仕入れ値を x とおくと、定価＝仕入れ値×（1＋利益の割合）の式より、

定価＝ $x \times (1 + 0.4)$

＝ $1.4x$

4割＝0.4

また、売価＝定価×（1－値引率）の式より、

売価＝ $1.4x \times (1 - 0.2)$

＝ $1.12x$

20%＝0.2

利益＝売価－仕入れ値の式を用いて、利益を求めると、

利益＝ $1.12x - x = 0.12x$

となり、利益の額を確定することができない。

次にイの情報だけで考えてみる。

仕入れ値を y、定価を z とおくと、売価＝定価×（1－値引率）の式より、

売価＝ $z \times (1 - 0.2) = 0.8z$

また、定価で売ったとき、売価で売ったとき、それぞれの利益を表すと、

定価で売ったときの利益：$z - y$

売価で売ったときの利益：$0.8z - y$

となる。

定価で売ったときに比べて利益が420円減るため、方程式は、

$(z - y) - (0.8z - y) = 420$

これを整理すると、

$0.2z = 420$

$z = 2{,}100$（円）

となり、定価は**2,100**円と求められる。また、売価は、

$0.8z = 0.8 \times 2{,}100 = 1{,}680$（円）

ただし、仕入れ値がわからないので、これだけでは利益を求めることはできない。

最後に、アとイの両方の情報を使って考える。

アより、仕入れ値xとおいたときの定価が$1.4x$。

イより、定価は2,100円。

よって、

$1.4x = 2{,}100$

$x = 1{,}500$（円）

仕入れ値は1,500円と求められる。

したがって、売価で売ったときの利益は、

$1{,}680 - 1{,}500 = 180$（円）

よって、Cの**「アとイの両方でわかるが、片方だけではわからない」**が正解。

33 正解：E

問題 本冊P.136

まず、それぞれの条件を考えてみる。

ア：2勝1敗のチームが2チームあった場合、残りの2チームは1勝2敗となる。

したがって、この条件だけでは、Yが2勝1敗なのか、1勝2敗なのかは確定できない。

イ：XがWとYに勝った場合を表で考えると、

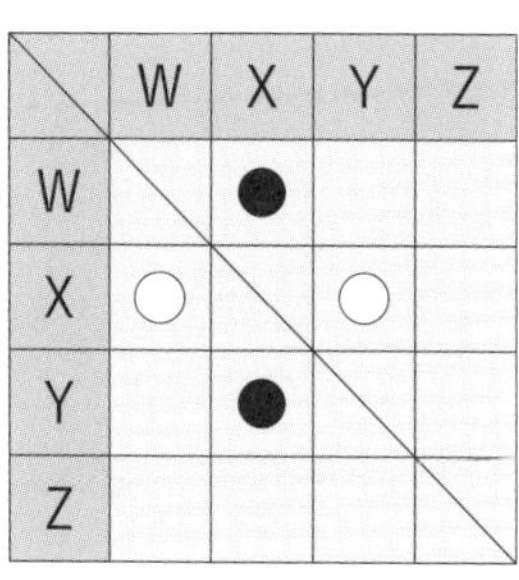

	W	X	Y	Z
W	＼	●		
X	○	＼	○	
Y		●	＼	
Z				＼

○：勝ち　●：負け

しかし、この条件だけでは、YがWに勝ったか負けたか、YがZに勝ったか負けたかは確定できない。

したがって、条件ア・イについて単独でYが何勝何敗かは確定できない。

次にアとイの条件を合わせて考える。

条件イよりXが2勝しているので、条件アにある2勝1敗のチームの1つはXであることがわかる。

また、Xは1敗しているので、XはZに負けたことがわかる。

ここまでを表にまとめると、

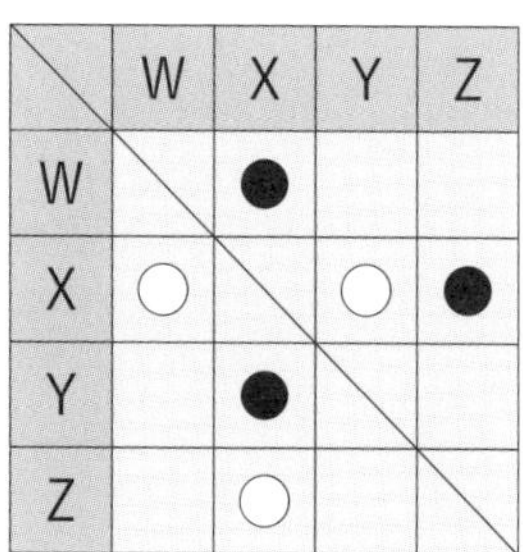

	W	X	Y	Z
W	＼	●		
X	○	＼	○	●
Y		●	＼	
Z		○		＼

となる。しかし、Yが2勝1敗になるのか、1勝2敗になるのかはわからない。

ア・イの条件を合わせて考えると、Yの勝敗については次のようなパターンが考えられる。

	W	X	Y	Z
W	＼	●	●	
X	○	＼	○	●
Y	○	●	＼	○
Z		○	●	＼

Y：2勝1敗

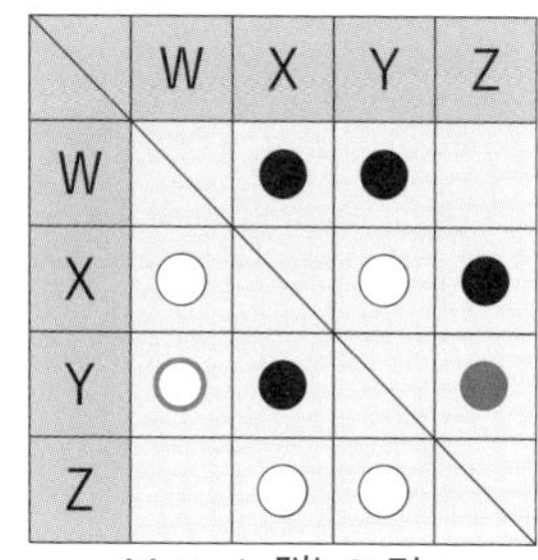

	W	X	Y	Z
W	＼	●	●	
X	○	＼	○	●
Y	○	●	＼	●
Z		○	○	＼

Y：1勝2敗

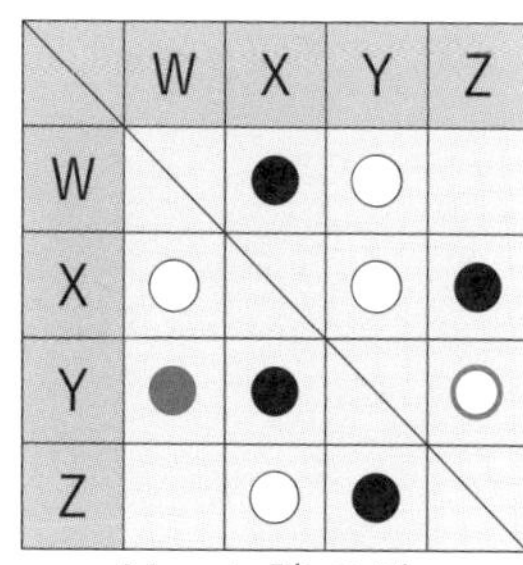

	W	X	Y	Z
W	＼	●	○	
X	○	＼	○	●
Y	●	●	＼	○
Z		○	●	＼

Y：1勝2敗

したがって、Eの「**アとイの両方があってもわからない**」が正解。

34 正解：1/12

問題 本冊 P.137

確率は以下の考え方で求めることができる。

$$ある事象Aが起こる確率=\frac{問題の事象が起きる場合の数}{すべての場合の数}$$

すべての場合の数は、学年関係なく10人の中から3人を選び出すことなので、$_{10}C_3=\frac{10\times9\times8}{3\times2\times1}=120$通り

3人とも1年生となる場合の数は、1年生5人の中から3人を選び出すことなので、$_5C_3=\frac{5\times4\times3}{3\times2\times1}=10$通り

$_5C_3={}_5C_{5-3}={}_5C_2$なので$_5C_2$で計算してもよい

したがって、確率は$\frac{10}{120}=\frac{1}{12}$

別解

1人ずつ順番に3人を選び出すと考えれば、1人目が1年生となるのは、全体10人の中の1年生5人から選ぶので$\frac{5}{10}$

2人目が1年生となるのは1人目が決まった後なので、全体9人の中の1年生4人から選び$\frac{4}{9}$

3人目も同様に、$\frac{3}{8}$

3人を決めるのは続けて行われているので、積の法則が成り立ち、

$$\frac{5}{10}\times\frac{4}{9}\times\frac{3}{8}=\frac{1}{12}$$

積の法則……事象Aの起こり方がm通り、かつそのそれぞれに対して事象Bの起こり方がn通りあるとき、事象Aと事象Bが両方起こる場合の数は、m×n通り

和の法則……2つの事象A、Bが同時に起こらないとする。事象Aの起こり方がm通り、事象Bの起こり方がn通りあるとき、事象Aまたは事象Bが起こる場合の数はm＋n通り

35 正解：4 /27

問題 本冊 P.138

まず、青玉を取り出す確率は$\frac{3}{9}=\frac{1}{3}$

青玉以外を取り出す確率は$\frac{6}{9}=\frac{2}{3}$

４回目に２度目の青玉を取り出すのは次の３通りが考えられる。

①１回目に青玉、２回目・３回目に青玉以外、４回目に青玉

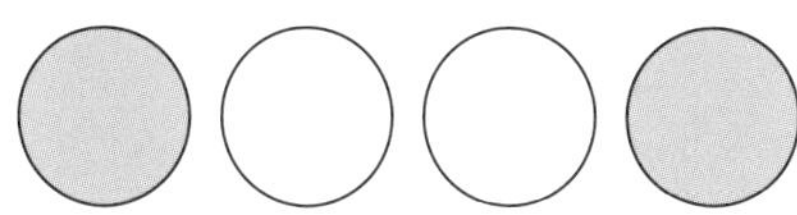

この時の確率は$\frac{1}{3}\times\frac{2}{3}\times\frac{2}{3}\times\frac{1}{3}=\frac{4}{81}$

②１回目に青玉以外、２回目に青玉、３回目に青玉以外、４回目に青玉

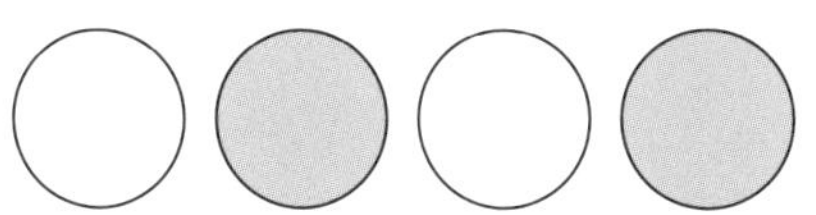

この時の確率は$\frac{2}{3}\times\frac{1}{3}\times\frac{2}{3}\times\frac{1}{3}=\frac{4}{81}$

③１回目・２回目に青玉以外、３回目・４回目に青玉

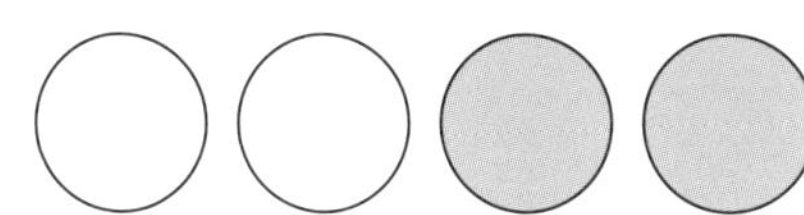

この時の確率は$\frac{2}{3}\times\frac{2}{3}\times\frac{1}{3}\times\frac{1}{3}=\frac{4}{81}$

よって、求める確率は

$$\frac{4}{81}+\frac{4}{81}+\frac{4}{81}=\frac{12}{81}=\frac{4}{27}$$

36 正解：17 問題 本冊 P.138

十の位と一の位が同じ数字とならない組み合わせよりも、同じ数となる組み合わせのほうが数えやすい。

「すべての場合の数」−「十の位と一の位が同じとなる場合の数」＝「十の位と一の位が同じ数字とならない場合の数」で考えてみる。

問題によっては求めたいものを直接数え上げたほうが早い場合もある

積の法則

すべての場合の数は、十の位の4通りそれぞれに一の位が5通りあるので、4×5＝20通り

十の位と一の位が同じとなる場合の数は、直接数え上げれば、11、33、55の3通り

したがって、十の位と一の位が同じ数字とならない場合の数は
20 − 3＝17通りとなる。

37 正解：18.4 問題 本冊 P.139

各年度で旅客数の合計に対する国際旅客数の割合を計算する。

	国内定期		国際	
	旅客数（千人）	貨物重量（万トン）	旅客数（千人）	貨物重量（万トン）
2017年度	102,119	90.4	22,387	176.3
2018年度	103,903	82.3	23,396	144.7
2019年度	101,873	78.1	21,434	145.9

この2つの数値を使って計算する

「旅客数の合計に対する国際旅客数の割合＝
国際旅客数÷（国内定期旅客数＋国際旅客数）」で求められる。

2017年度：22,387 ÷（102,119 ＋ 22,387）＝ **0.1798…**

2018年度：23,396 ÷（103,903 ＋ 23,396）＝ **0.1837…**

2019年度：21,434 ÷（101,873 ＋ 21,434）＝ **0.1738…**

よって、**2018年**が最も大きく、四捨五入すれば**18.4**（%）となる。

38 **正解：A** 問題 本冊 P.139

ア　旅客数が減少しているのは2019年だけなので、国内定期と国際の両方で減少率を考える。**2019年度の増加率（減少率）＝（2019年度－2018年度）÷2018年度**で計算できる。

国内定期：$(101{,}873 - 103{,}903) \div 103{,}903 = -\dfrac{2{,}030}{103{,}903}$

国際　　：$(21{,}434 - 23{,}396) \div 23{,}396 = -\dfrac{1{,}962}{23{,}396}$

国内定期も国際も分子（減少数）は約2,000（千人）とほぼ同じだが、国内定期のほうが分母は大きくなるので、国内定期の数値が小さくなることは明らかである。

したがって、減少率が大きいのは**国際**のほうであり、アは**正しい**といえる。

イ　2017年度の国内定期の貨物重量は90.4万トンである。14％減少すると、**90.4×（1－0.14）＝90.4×0.86＝77.744**（万トン）となる。

あらためて表の2019年度の貨物重量の数値を確認すると、実際には78.1万トンなので、14％以上の減少ではないといえる。

したがってイは**正しくない**。

ウ　国際における3年間の貨物重量の合計は、**176.3＋144.7＋145.9＝466.9**である。

問われているのは3年間の平均なので、貨物重量の合計を3で割ると**466.9÷3＝155.63…**（万トン）となる。

したがって、ウは**正しくない**といえる。

39 正解：25 問題 本冊 P.140

2022年の大人の来場者数は24,229 −（8,524 + 9,733）= **5,972**人。したがって、その割合は

5,972 ÷ 24,229 = 0.246…

これにより、**24.6…%**となるので四捨五入して**25%**となる。

40 正解：E 問題 本冊 P.140

2021年の来場者数を基準とした2023年の来場者数の増加率は、

$$\frac{2023\text{年の来場者数}-2021\text{年の来場者数}}{2021\text{年の来場者数}}=\frac{2023\text{年の来場者数}}{2021\text{年の来場者数}}-1$$

増加率の大小を比較すればよいので、「$\frac{2023\text{年の来場者数}}{2021\text{年の来場者数}}$」を分類ごとに計算すればよい。

大人：6,621 ÷ 5,487 = **1.20…**
中高生：8,831 ÷ 8,341 = **1.05…**
小学生以下：10,378 ÷ 9,468 = **1.09…**

したがって、増加率の大きい順に「**大人**」「**小学生以下**」「**中高生**」となる。

41 正解：22 問題 本冊 P.141

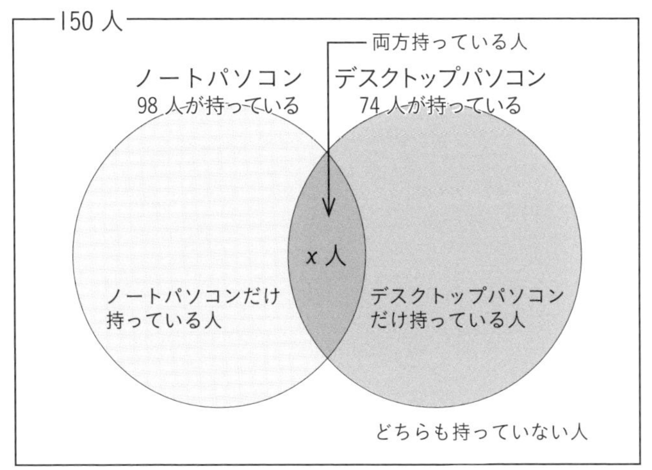

ベン図を作成して考える。

まず、両方持っている人を x 人とおくと、

ノートパソコンだけ持っている人：$(98 - x)$ 人

デスクトップパソコンだけ持っている人：$(74 - x)$ 人

となる。

ここで、どちらも持っていない人を 0 人と仮定すると、

全体＝ノートパソコンだけ持っている人＋デスクトップパソコンだけ持っている人＋両方持っている人＋どちらも持っていない人

$150 = (98 - x) + (74 - x) + x + \underline{0}$

$150 = 172 - x$

$x = 22$（人）

どちらも持っていない人

次に、どちらも持っていない人を 1 人と仮定すると、

$150 = (98 - x) + (74 - x) + x + \underline{1}$

$x = 23$（人）

このようにどちらも持っていない人が増えるほど、両方持っている人も増えていく。

よって、両方持っている人が最も少ないのはどちらも持っていない人が 0 人のとき。以上により、両方持っている人は最も少なくて 22 人。

42 正解：39 問題 本冊 P.141

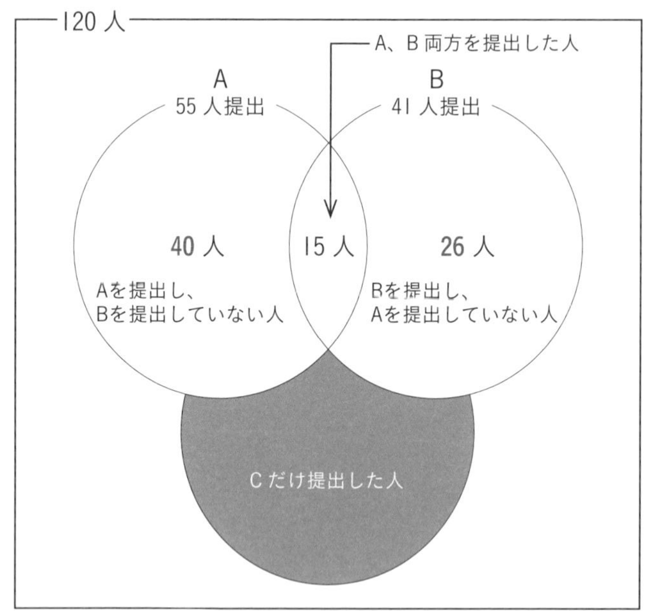

ベン図を作成して考える。

課題A、B両方を提出した人が15人なので、

課題Aを提出し、課題Bを提出していない人：55 − 15 = **40**(人)……①

課題Bを提出し、課題Aを提出していない人：41 − 15 = **26**(人)……②

課題A、B、Cのうち1つ以上は提出する必要があるため、

生徒全体＝①＋②＋課題A、B両方を提出した人＋課題Cだけ提出した人

となる。

ここから課題Cだけ提出した人（図の青色の部分）を求めると、

課題Cだけ提出した人＝生徒全体－①－②－課題A、B両方を提出した人

＝ 120 − **40** − **26** − 15

＝ **39**（人）

能力検査③

››› 解答・解説

1 正解：D 問題 本冊 P.142

「海溝」は、「海の溝」と読み下す（日本語の語順にして読む）ので、前の漢字が後の漢字を修飾する熟語である。

2 正解：A 問題 本冊 P.142

「永遠」は、どちらも間隔が大きいという意味で、似た意味をもつ漢字を重ねる熟語である。

3 正解：B 問題 本冊 P.142

「攻守」は、「攻める」と「守る」で、反対の意味をもつ漢字を重ねる熟語である。

4 正解：A 問題 本冊 P.142

「会合」は、どちらも「あう」という意味とで、似た意味をもつ漢字を重ねる熟語である。

5 正解：C 問題 本冊 P.142

「開封」は、「封を開く」と読み下すので、動詞の後に目的語をおく熟語である。

6 正解：A 問題 本冊 P.143

文の後半の意味を考えると、Aの「都内のラッシュアワー＝混雑」という関係が最もおさまりがよい。

7 正解：D　問題 本冊 P.143

文の後半では、「公共の空間である意識が欠けている」ことを批判している。そのため、前半の文章では意識が欠けた存在について触れていると考えられる。

C、D、Eともにそのような存在を表しているが、「欠けている」の主語にあたるものを考えると、Dの「**車内ではしゃぎまわったり、大声で会話したりしている人は**」が最もふさわしいといえる。

8 正解：C　問題 本冊 P.143

文の後半に、「急いでいる人には迷惑」とあるので、何が迷惑かが前半の文章に書かれていると考えられる。急いでいる人にとっては、Cの「**ドア付近でとどまっている人の存在**」が迷惑だというのが最もしっくりくる。

9 正解：D　問題 本冊 P.144

「～とは」とあるので、その後に続く文で、どのようなものなのかの説明が入ると考えられる。したがって、「**～という概念である**」とあるDがふさわしい。

10 正解：C　問題 本冊 P.144

「植物の炭素は大気中の二酸化炭素由来であり」の文が理由となる選択肢を選べばよい。選択肢を検討すると、Cの「**これを燃料とすれば二酸化炭素の総量は増えない**（＝燃料として燃やしても、発生する二酸化炭素はもともとあった大気中に戻るだけ）という」が文章のつながりがよく、最もふさわしいといえる。

11　正解：E　問題 本冊 P.144

文の前半に、「トウモロコシなどを原料とする」とあるので、Eの「**穀物価格の上昇をまねいている**」が最も ふさわしいといえる。

12　正解：ア：B　イ：D　ウ：A　エ：C　問題 本冊 P.145

まず、最後の「欠けているからだといえる」とのつながりを考えてみる。A～Dまでを順につなげてみてもよいが、「何が」欠けているから、と主語に注目してみれば、(C　コミュニケーション能力が) とつながることがわかる。

次に、指示語に注目してみると、(A　あなたがそれを感じられなかったのは) の「それ」が指すのはDの「違和感」と考えられる。ここまでで、D－Aのつながりが見え、Cにつながっていけば**意味も通じる**。あとはBの位置を考える。

(B　その場にいた人たちは) の述語について検討すれば、文末の「欠けている」か (D　覚えたはず) しかないが、「欠けている」についてはCとのつながりがすでにあり、また「コミュニケーション能力が……覚えた」は**おかしい**。

よってB－Dのつながりがふさわしいと考えられる。
まとめればB－D－A－Cの順番となる。

【完成文】

たとえ指摘しなかったとしても、その場にいた人たちは何らかの違和感を覚えたはずで、あなたがそれを感じられなかったのは、コミュニケーション能力が欠けているからだといえる。
※選択肢は読点（、）を含んでいない。

13 正解：ア：D　イ：B　ウ：A　エ：C

問題 本冊 P.146

文章のつながりに注目する。A～Dの語句のうち、（D　市役所等官公庁施設は）に注目すると、その後にあてはめることができるものは、文のつながりからBが最もふさわしい。よってD－Bの順になる。

また（A　自分たちの身は）に注目すると、その後にあてはめることができるものは、C、D、文の後半（原則である）の中ではCのみである。よってA－Cの順になる。

文末の「原則である」に注目すると、その前にあてはめることができるものは、A－Cのほうである。

以上より、D－B－A－Cとなる。

【完成文】

震災は広域に広がるため、市役所等官公庁施設は一時的にどこも当てにできず、自分たちの身は自分たちで守ることが原則である。

※選択肢は読点（、）を含んでいない。

14 正解：ア：D　イ：B　ウ：C　エ：A

問題 本冊 P.147

問題文冒頭の「医療費は」に着目すると、それを主語として選択肢のうち（B　抑制されるように）とつながりがよいことがわかる。
文のつながりのよさから考えて、Bの後には（C　思われがちだが）が入る。よってB－Cとなる。

（D　健康志向の高まりにより）は医療費が抑制される理由であり、B－Cの前に入れると意味のつながりがよくなる。よって、D－B－Cとなる。

（A　人々の寿命が延びることにより）は、（医療費が）「かえって増加する理由」であり、最後に入れるのが最もつながりがよくなる。

以上より、D－B－C－Aとなる。

【完成文】

医療費は、健康志向の高まりにより抑制されるように思われがちだが、人々の寿命が延びることにより、かえって増加する傾向にある。

※選択肢は読点（、）を含んでいない。

15 正解：ア：B　イ：A　ウ：C

問題 本冊 P.148

［ア］は、直前で「ピースはそれぞれまったく独自のかたちをしている」とあり、決定されるピースは１つのみに決まることから「**一義的**」がふさわしい。

［イ］は、「すべてのピース群から……繰り返していけば……」とあるので、結合するかどうかを何度も試行するという内容であることがわかる。選択肢の中では「**総当たり的**」がふさわしい。

［ウ］は、「神の視座」を言い表した言葉が入る。「全体の絵柄を想定しながら……」とあるので、高い視点から全体を眺めている「**鳥瞰的**」がふさわしい。

16 正解：ア：B　イ：C　ウ：A

問題 本冊 P.150

わかりやすいものから選択していく。

［ア］は「モノの交易を通じて、文化を構成する知恵や技術等を豊かにすることで、」とあり、選択肢から考えればBの「**繁栄**」が「豊か」に最も近いといえる。

残ったものを考えてみると、［イ］は「〜性」と続くので、AもCもあり得るが、「関連性」の場合、何の関連性なのかはわからない。一方で、［ウ］は「効率する産業」は**明らかにおかしい**ので、「関連する産業」がふさわしく、残った［イ］にCの「**効率**」が入る。

17 正解：B

問題 本冊 P.151

「日本文化の水平を旨としていた本質」がどのような動作であったのかを考えれば、本文の前半の段落の話であることはわかる。また、「これらは」とあるので、具体例が出されたあとに設問の文章が挿入されることも推測できる。

すると、「足を滑らせるように歩く」「相撲、剣道のすり足」「ナンバ走り」「能、狂言、日本舞踊」が、**「水平を旨としていた」の具体例**であることから、**【b】がふさわしい**といえる。

なお、【c】や【d】の直前は水平ではなく上下の運動であり、**ふさわしくない**のは明らかである。

18 正解：D 問題 本冊 P.152

「軽はずみ」とは、**「軽率」という意味で、よい意味ではない**。選択肢の中ではＤの「軽薄」のみがそのような使われ方をする。

また、「力強さ」「快活」「躍動的」はいずれも、上下を意識したヨーロッパ的な動作を表現したものである。

消去法で考えてもＤの「軽薄」に行きつく。

19 正解：C 問題 本冊 P.152

１行目に「足を強く踏みしめて歩くと家が傷む」という内容が書かれている。その後に「足を滑らせるように歩くのが作法に適っていたのも、住居の構造によるところが大きい」ともあるので、すり足が住居を傷めにくいことはわかるが、相撲や剣道のすり足は建物が傷むのを防ぐためとは書かれていない。

さらに、「ところで……」と話題を変える接続詞の後に、相撲や剣道のすり足、ナンバ走り、能や狂言の摺り足などの話が続き、【b】に「これらはもともと農耕文化における動作に由来すると想定でき」と入る。したがって、アは**正しいとはいえない**。

「軍隊やかつてのナチスの行進における足を上げる独特の歩行は、上下を意識し、エネルギッシュで躍動的な印象を与える」の部分から「エネルギッシュで躍動的」を意図的に意識した歩き方であると考えられる。したがって、イは**正しい**。

20 正解：A 問題 本冊 P.153

空欄前の「**むしろ**」に注目しておく。保護主義的な措置を導入する目的が、グローバル化に対する不安・不満を抑えるものであることは段落の初めに書かれている。実際にそのような措置を行う場合を受けて「むしろ」と続いているので、**当初の目的とは逆の状況に陥る**ことが導ける。

人々に不安をもたらす状況と考えれば、ＡやＤが挙げられるが、直前の「低所得者層に最も被害が生じる」ことに直接つながっていることから、「格差の拡大」を含むＡが最もつながりがよいと判断できる。

21 正解：C 問題 本冊 P.154

空欄前の「したがって」に続く文章であり、**直前の内容についての結果が続く**と考えられる。直前では「価格を決定する」方法などが書かれており、似たようなサービスや商品は現行の市場価格に一致させるように価格を決めることが示されている。逆説的には**市場が価格を決める**といえ、空欄後の表現とも**一致する**。

よって、空欄は**「販売価格」に相当する内容**であることが推測でき、選択肢ではCだとわかる。

22 正解：162 問題 本冊 P.155

マラソン参加者1,200人の45%が男性なので、
その人数は1,200 × 0.45 = 540（人） ← **45%→0.45で計算**
さらにその30%が60歳以上なので、
その人数は540 × 0.3 = 162（人）となる。

23 正解：98 問題 本冊 P.155

昨年を基準に増減を示しているので、昨年の外国籍の社員数をx人とおき、日本人の社員数を300 − x（人）とする。

今年は外国籍の社員が40%増えたので、
人数はx × 1.4（人）となる。
↑ **40%増加→昨年の140%になる**

同様に日本人の社員は10%減ったので
(300 − x) × 0.9（人）となる。

合計では5人増えて305人となることから、
x × 1.4 + (300 − x) × 0.9 = 305が成り立つ。

これを解くと、x = 70（人）。

今年の外国籍の社員数は70 × 1.4 = 98（人）となる。

24 正解：118 問題 本冊 P.156

長いすの数を x 脚として、出席者の人数を x を使って表してみる。

５人ずつ座ると、いすに座っている人数は $5x$（人）で、さらに８人が座れないでいるので、合計人数は **$5x+8$**（人）と表せる。

一方で、６人ずつ座る場合も考えてみる。６人座った長いすは２つ余ったが、５人ずつ座る場合と同じ考え方をして、４人が座った長いすに座っている人は「座れなかった」と考える。

よって、６人座った長いすは **$x-3$** あり、そこに座っている人数は **$6\times(x-3)$**、さらに４人が残っているので、合計人数は
$6\times(x-3)+4=$ **$6x-14$**（人）と表せる。

【６人ずつ座った場合】

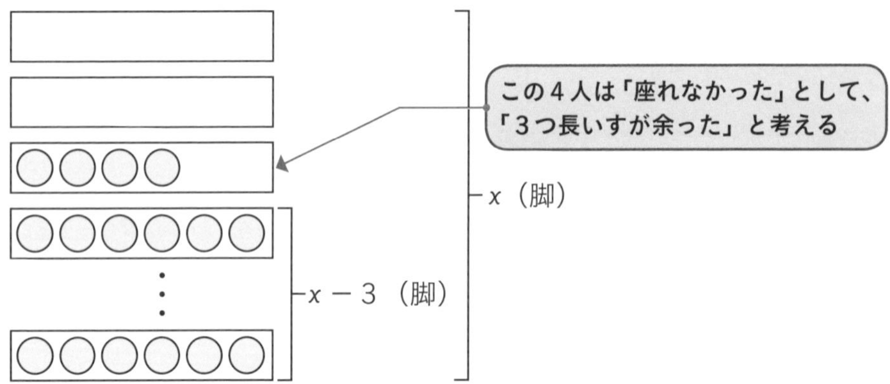
この４人は「座れなかった」として、
「３つ長いすが余った」と考える
x（脚）
x − 3（脚）

これより、**$5x+8=6x-14$** が成り立ち、$x=22$ がわかる。

したがって出席者の人数は、$5\times22+8=118$（人）となる。

25 正解：4 問題 本冊 P.156

イよりA＞B＞Cで、Cは3人の中で最も小さい数字であり、同じ数字の人はいないことから、**Cは4以下**であることがわかる。

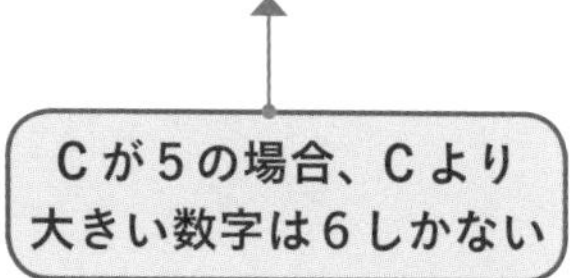

Cが5の場合、Cより
大きい数字は6しかない

Cの目の数で場合分けをしてAとBを検討すると、

C＝1のとき、A＋B＝3となるが、A＞B＞Cを満たすA、Bはない。

C＝2のとき、A＋B＝6となるが、A＞B＞Cを満たすA、Bはない。

C＝3のとき、A＋B＝9となり、**A＝5、B＝4であれば条件を満たす。**

C＝4のとき、A＋B＝12となるが、A＞B＞Cを満たすA、Bはない。

以上より、B＝**4**

26 正解：4 問題 本冊 P.157

アの条件を表にすると、以下のようになる。

	1位	2位	3位	4位
先週		A		
今週	A			

ここで、イよりCとDが先週から1つ順位を下げたので、表で空いている「1位→2位と3位→4位」に入ることがわかる（ただし、どちらがC、Dかは決められない）。

	1位	2位	3位	4位
先週	C（D）	A	D（C）	
今週	A	C（D）		D（C）

よって、残ったBは、先週は**4**位だったことがわかる（今週は3位）。

27　正解：8　問題 本冊 P.158

2月の来店数を x 回とすれば、1月の来店数は5回多いので
$x+5$（回）と表せる。

3月は1月と2月の間の回数であることから、
$x+1$、$x+2$、$x+3$、$x+4$ の4通りが考えられ、
3カ月の合計は $3x+6$、$3x+7$、$3x+8$、$3x+9$ となる。

合計が31個となることから方程式を立てると、
$3x+6=31$ より $x=8.33\cdots$
$3x+7=31$ より $x=8$
$3x+8=31$ より $x=7.66\cdots$
$3x+9=31$ より $x=7.33\cdots$

来店数である x は整数であることを考慮すれば、
$x=8$（回）のみがあてはまる。

28　正解：15　問題 本冊 P.158

6で割ると3余る数は、6の倍数＋3と考えられるが、
3を足せば余りが6、つまり6で割り切る（6の倍数となる）ことができるようになる。

言い換えれば6の倍数よりも3少ない数といえる。

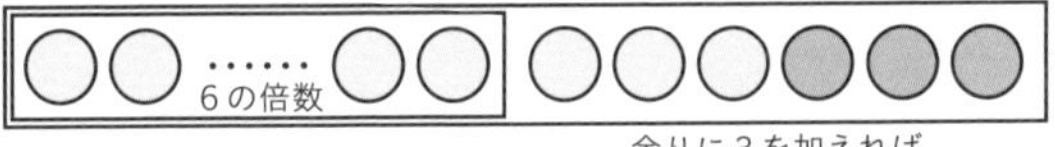

余りに3を加えれば
6の倍数となる

同様に9で割ると6余る数も3を足せば9で割り切ることができるので、9の倍数よりも3少ない数といえる。

よって、求める数は6と9の公倍数よりも3小さい数といえる。

最も小さい数なので、6と9の最小公倍数である18よりも3小さい、
$18-3=15$ が正解となる。

29 正解：8 問題 本冊 P.159

それぞれの電車の最後尾に人が乗っていて、電車が向かい合って進む状況であると考えてみる。時速 72km の電車に乗っている人を A、時速 90km の電車に乗っている人を B とする。

電車の先頭がすれ違い始めたときには、**A と B の間には 2 つの電車の長さだけ距離があり、電車のすれ違いが終わるときに A と B がちょうど出会った**という見方ができる。

A と B が出会うまでの時間を x 秒とすると、

1 時間＝ 3,600 秒、1 km ＝ 1,000 m より
時速（km）× 1,000 ÷ 3,600 ＝秒速（m）

A の乗る電車は秒速 20m（時速 72kmを変換）なので、距離は **20x**（m）進み、B が乗る電車は秒速 25m（時速 90km を変換）なので、距離は **25x**（m）進んだことになる。

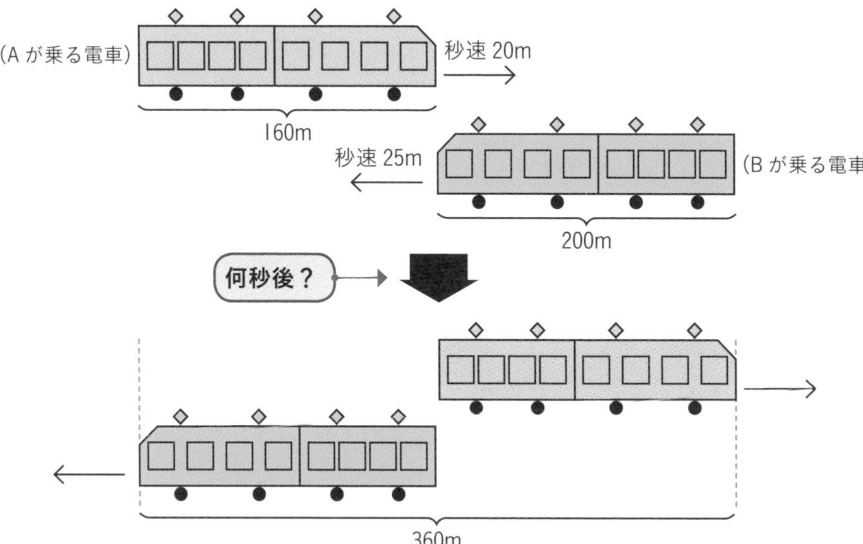

2 人の距離を合わせると、最初に離れていた距離（2 つの電車の長さ）である 160 ＋ 200 ＝ 360（m）となる。

まとめると、**20x ＋ 25x ＝ 360** が成り立ち、x ＝ **8**（秒）が正解となる。

30 正解：3,800円 問題 本冊P.159

定価をx円とすると、30%引きで売った価格（売価）は$x \times 0.7 = 0.7x$円となり、ここから原価を引いたものが利益となる。15%引きでの売価は$x \times 0.85 = 0.85x$円となり、ここから原価を引いたものが利益となる。

損益算の公式
定価＝原価×（1＋利益の割合）
売価＝定価×（1－割引率）
利益＝売価－原価

利益の差額は売価の差額と同じとなるので、
$0.85x - 0.7x = 0.15x$円となる。
これが570円に相当するので、
$0.15x = 570$が成り立つ。
これを解いて$x = 570 \div 0.15 = 3{,}800$（円）

原価をy円とすれば
30%引きのときの利益：$0.7x - y$
15%引きのときの利益：$0.85x - y$
差額は$(0.85x - y) - (0.7x - y) = 0.15x$

31 正解：E 問題 本冊P.160

アとイについて、各式は次のとおりに変えることができる。

ア：3Y－X＝0
Xを移項すると、X＝3Y
イ：X／Y＝3
両辺にYをかけると、X＝3Y

X／Y×Y＝3×Y

よって、アとイの式は**等しい**ことがわかる。

そして、X＝3Yを満たす組み合わせとしては、
(X, Y)＝(3, 1)、(6, 2)、(9, 3)、……があり、
XとYを特定することができない。

以上により、Eの「**アとイの両方があってもわからない**」が正解。

32 正解：C　問題 本冊 P.161

アの情報だけで考えてみる。350円のケーキの合計が1,600円以上より、その個数は1,600 ÷ 350 ＝ 4.5…となるので、**5個以上**であることがわかる。しかし、これ以上絞ることができないのでアだけではわからない。

イの情報だけで考えてみると、450円のケーキを多く買ったことから、350円のケーキは12個の半分である6個より少ない、つまり**5個以下**であることがわかる。しかし、これ以上絞ることができないのでイだけではわからない。

アとイを合わせてみると、
350円のケーキは**5個以上5個以下つまり5個**に決まる。

450円のケーキは7個となるので合計金額は、
350 × 5 ＋ 450 × 7 ＝ 4,900円と求められる。

したがって、C の**アとイの両方でわかるが、片方だけではわからない**が正解となる。

33 正解：C　問題 本冊 P.162

アの情報だけで考えてみる。P は Q の売上の$\frac{4}{5}$だったので、
Q ＞ P だったことがわかるが R については情報がないので最も売上がよかったのが Q か R のいずれかであることまでしかわからない。

イの情報だけで考えてみる。P と R の売上の合計が 3 人の合計の$\frac{2}{3}$なので、残りの **Q は全体の $1-\frac{2}{3}=\frac{1}{3}$** であることがわかるが P と R は決まらない。

アとイを合わせてみると、アより Q ＞ P なので、イと合わせると、
P は全体の$\frac{1}{3}$よりも小さいことがわかる。

P と R の合計は$\frac{2}{3}$で、
P の売上は**全体の$\frac{1}{3}$よりも小さい**ため、

能力検査③　問題30～33

Rは$\frac{1}{3}$よりも大きくなる。

これよりR＞Q＞Pの順番が確定する。

したがって、Cのアとイの両方でわかるが、片方だけではわからないが正解となる。

34 正解：6 問題 本冊 P.163

「裏が4回以上」は「裏が4回」と「裏が5回」の2パターンに分けて考えてみる。

【裏が4回の場合】

5回のうち裏を4回選ぶのは${}_5C_4$＝5通り（表1回を選ぶと考えて${}_5C_1$＝5通りでもよい）

【裏が5回の場合】

5回のうち裏を5回選ぶのは${}_5C_5$＝1通り

2つのパターンは場合分けなので**「和の法則」**が成り立ち、5＋1＝6（通り）となる。

2つの事象が同時（連続）に起こる：積の法則
2つの事象が同時には起こらない：和の法則

35 正解：240 問題 本冊 P.163

RとSが隣り合うことが決まっているので**RとSの組を1人扱い**とすればP、Q、RS、T、Uの**5人の並べ替え**と考えることができる。

5人の並べ替えは${}_5P_5$＝5×4×3×2×1＝120（通り）。

ただし、RSの順となる場合と、SRの順となる場合があることから**2倍**となり、120×2＝240（通り）となる。

36 正解：1/35 問題 本冊 P.163

7個の中から白3個を取り出す組み合わせは、

$_7C_3 = \frac{7 \times 6 \times 5}{3 \times 2 \times 1} = 35$（通り）あり、

そのうち3、5、7番目に白が出るのは、この1通りしかない。

よって、確率は $\frac{1}{35}$

確率＝$\frac{\text{問題の事象が起きる場合の数}}{\text{すべての場合の数}}$

別解

白玉は3個なので、3、5、7番目以外は赤玉が取り出されることになる。

1回目に赤玉が出る確率は7個中4個が赤玉であることから $\frac{4}{7}$

2回目に赤玉が出る確率は6個中3個が赤玉であることから $\frac{3}{6}$ $\left(\frac{1}{2}\right)$

3回目に白玉が出る確率は5個中3個が白玉であることから $\frac{3}{5}$

4回目に赤玉が出る確率は4個中2個が赤玉であることから $\frac{2}{4}$ $\left(\frac{1}{2}\right)$

5回目に白玉が出る確率は3個中2個が白玉であることから $\frac{2}{3}$

6回目に赤玉が出る確率は2個中1個が赤玉であることから $\frac{1}{2}$

7回目に白玉が出る確率は1個中1個が白玉であることから $\frac{1}{1}$

7回の事象が連続で起こるので**積の法則**が成り立ち、

$\frac{4}{7} \times \frac{1}{2} \times \frac{3}{5} \times \frac{1}{2} \times \frac{2}{3} \times \frac{1}{2} \times \frac{1}{1} = \frac{1}{35}$

37 正解：35 問題 本冊 P.164

4月の合計売上高は 320 ＋ 150 ＋ 200 ＝ 670（万円）であり、第１四半期の合計は 900 ＋ 450 ＋ 590 ＝ 1,940（万円）である。

したがって第１四半期に対する４月の割合は、670 ÷ 1,940 ＝ 0.345…

割合の公式：全体数×割合＝部分数より
割合＝部分数÷全体数

割合では 34.5…% となるので、小数点以下第１位を四捨五入して 35% が正解となる。

38 正解：A 問題 本冊 P.164

各月の合計を計算すると以下のようになる。

	4月	5月	6月	合計
製品 A	320 万円	300 万円	280 万円	900 万円
製品 B	150 万円	150 万円	150 万円	450 万円
製品 C	200 万円	160 万円	230 万円	590 万円
合計	670 万円	610 万円	660 万円	1,940 万円

各月の合計と、製品Bの数値があるので、前問と同様に割合を計算することもできるが、製品Bは3カ月間 150 万円で変わらなかったので、**合計の数値の変動**に注目する。

「割合＝部分数÷全体数」で合計は全体数に相当し、部分数が同じならば全体数が大きいほど割合は小さくなることがわかる。

つまり、製品Bの売り上げ（部分数）が一定なので、合計金額（全体数）が大きい月は製品Bの割合が小さくなる。

したがって、製品Bの割合が小さい順に4月＜6月＜5月となる。

グラフでは A がこれを示している。

39 正解：1/9 問題 本冊 P.165

サイコロを２回振れば目の出方は、６×６＝36（通り）ある。

このうち７進んだ位置になる組み合わせは、（1，6）（2，3）の場合のみ。順番の入れ替えを考慮すれば４通りとなる。

「2」は2倍されて「4」進む

したがって確率は、$\frac{4}{36}=\frac{1}{9}$

40 正解：18 問題 本冊 P.165

漫画と小説のどちらも好きという人は、漫画好きの$\frac{3}{5}$、つまり $85\times\frac{3}{5}=51$（人）となる。

この情報を入れてベン図にまとめると、以下のようになる。

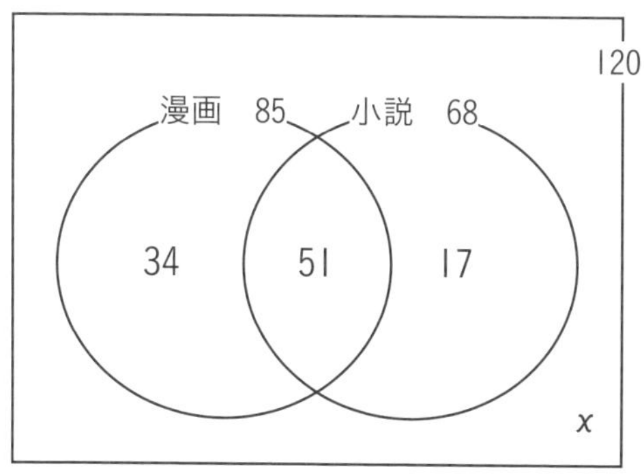

漫画のみ好き（34 人）＋両方好き（51 人）＋小説のみ好き（17 人）＋どちらも好きではない（x 人）＝合計人数（120 人）となる。

$x=120-(34+51+17)=120-102=18$（人）

なお、両方好き（51 人）がわかれば、
x＝合計人数－（漫画が好き＋小説が好き－両方好き）より、
$120-(85+68-51)=18$（人）と考えることができるので、
より速く解ける。

能力検査③

問題37～40

41 正解：9 問題 本冊 P.166

「食事とデザートを注文した人」は「食事とデザートのみを注文した人」と「食事とデザートと飲み物を注文した人」を含んでいることに注意して、ベン図にまとめてみる。

問われている「飲み物のみ注文した人」を x として考える。

問題文より、「食事とデザートを注文した人」は、「飲み物のみ注文した人の3倍の人数」のため、$3x$ となる。

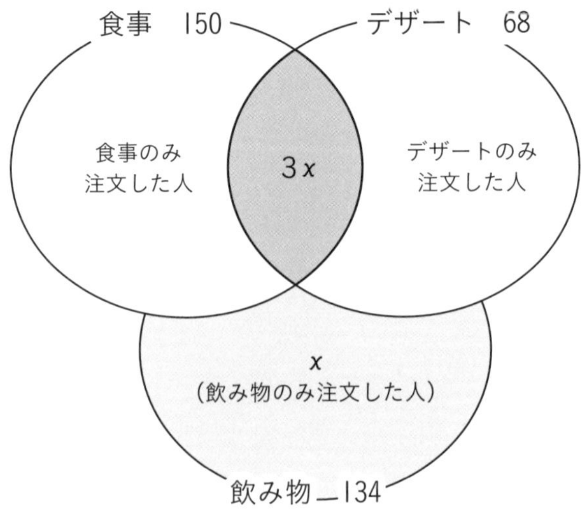

ここで、食事またはデザートを注文した人は、

食事（150人）＋デザート（68人）－食事とデザート（$3x$ 人）＝ $218-3x$ と表せる。

食事＋デザートの中に2回含まれているので、1回分を引いておく

これをベン図に書き込むと、以下のようになる。

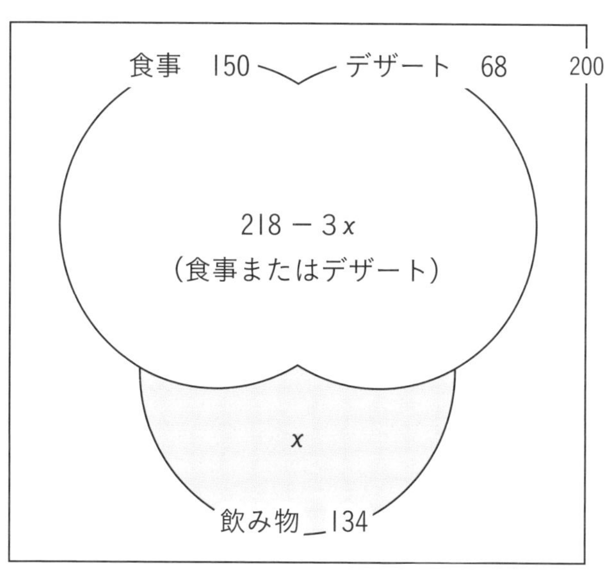
食事　150
デザート　68
200
218 − 3x
(食事またはデザート)
x
飲み物　134

　このベン図は1日に注文した人全体（200人）を表す。
　つまり、「食事またはデザートを注文した人（**218 − 3x**）」と「飲み物のみを注文した人（**x**）」の合計が**200**人になるため、
$218 - 3x + x = 200$が成り立つ。
　これを解いて$x = 9$（人）

本書で扱っている問題は、
本番を想定した問題ばかり！
間違えた問題は繰り返し解いて、
慣れておきましょう。

コラム

電卓のメモリー機能の活用テクニック

WEBテスティングなどの自宅受検型のWebテストでは電卓を使用することができます。電卓にもさまざまな種類がありますが、メモリ機能の付いたものをうまく活用すると、計算時間の短縮も可能です。

一般的によく使われているカシオ型とシャープ型の電卓を例に、基本的なメモリー機能について説明します。

電卓の各メモリーキー

- **「M＋」キー**……電卓に表示されている数字を、メモリーに足す
- **「M－」キー**……電卓に表示されている数字を、メモリーから引く
- **「MR」キー（カシオ型）／「RM」キー（シャープ型）**……メモリー内の数字を表示する
- **「MC」キー（カシオ型）／「CM」キー（シャープ型）**……メモリーの内容を消去して表示をリセットする
- **「MRC」キー（カシオ型）**……「MR」「MC」が1つになった電卓で、1回押すとメモリーの内容を呼び出す。2回押すとメモリーの内容を消す
- **「R・CM」キー（シャープ型）**……「RM」「CM」が1つになった電卓で、1回押すとメモリーの内容を呼び出す。2回押すとメモリーの内容を消す

例 30×10－100÷5＝280を電卓で計算する場合

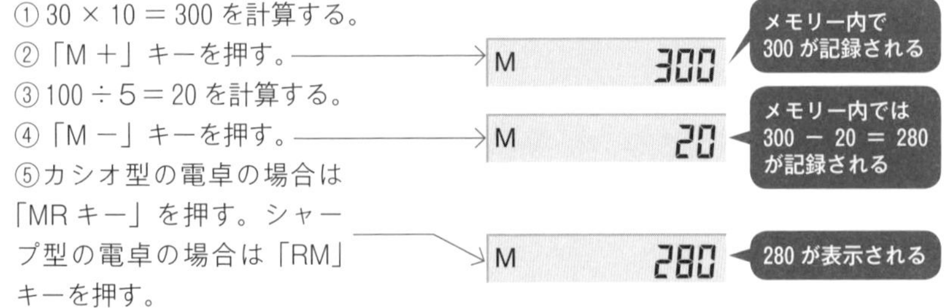

①30×10＝300を計算する。
②「M＋」キーを押す。
③100÷5＝20を計算する。
④「M－」キーを押す。
⑤カシオ型の電卓の場合は「MRキー」を押す。シャープ型の電卓の場合は「RM」キーを押す。
M 300
メモリー内で300が記録される
M 20
メモリー内では300－20＝280が記録される
M 280
280が表示される

●カシオ型の電卓の場合は計算終了後に「MC」キーを、シャープ型の電卓の場合は計算終了後に「CM」キーを押すと、メモリーがクリアされる。

※電卓によってはディスプレイ表示や操作方法などが異なる場合もあります。